디지털 리더십

DIGITAL
LEADERSHIP

"이 책은 연세대학교 경영연구소의 '전문학술저서 및 한국기업경영연구 총서' 프로그램의 지원을 받아 출간되었습니다."

디지털의 바다로 떠나는 선장들을 위한 항해 지침서

디지털 리더십

임일 이무원 지음

DIGITAL
LEADERSHIP

클라우드나인

디지털의 바다로 떠나는 선장들을 위한 항해 지침서

　디지털의 시대다. 인공지능, 빅데이터, 사물인터넷 등 최근에 큰 혁신을 가져온 기술은 대부분 IT, 좀 더 정확하게는 디지털 IT와 관련이 있다. IT의 발전은 IT 산업뿐만 아니라 IT와 거의 관계가 없던 전통적인 산업에까지 큰 영향을 미치고 있다. 그러다 보니 대부분의 경영자가 이러한 변화에 맞춰 바뀌고 대응해야 한다는 압박감을 많이 느끼는 것 같다. IT가 워낙 빨리 발전하고 복잡하게 변화하다 보니 기술을 따라가는 것도 벅찬데다 앞으로의 전략까지 짜야 하니 막막하다는 얘기를 많이 한다. 리더십도 더는 과거의 것을 고집하기가 어려워졌다. 디지털 시대에는 그에 맞는 리더십이 요구되기 때문이다. 이른바 디지털 리더십이다.

디지털 리더십이란 현재 그리고 앞으로 어떤 디지털 기술을 어떻게 비즈니스에 활용할지에 대한 통찰력을 바탕으로 비즈니스를 이끌어가는 것을 말한다. 디지털 리더십을 갖추려면 디지털 기술에 대한 이해, 디지털 기술 활용으로 얻을 수 있는 비즈니스 기회를 포착하는 통찰력, 그리고 디지털 기술을 효과적으로 실현하는 실행력 등이 필요하다.

디지털은 다른 기술과는 아주 다른 성질을 가지고 있다. 디지털이 대부분인 온라인이나 IT 산업은 전통적인 제조업이나 서비스업과는 비즈니스 방식이나 성공 전략이 매우 다르다. 마치 전혀 다른 두 개의 세상과 같다. 경영자는 이 두 개의 세상에 대한 이해 능력이 필요하다. 마치 경계인처럼 전혀 다른 두 개의 세상을 다 이해해야 앞으로 진행될 디지털화 혹은 디지털 트랜스포메이션에서 성공할 수 있을 것이다.

디지털 리더를 경계인이라고 부른다. 원래 경계인은 어느 쪽에도 정착하지 못하고 두 세상의 경계에서 살아가는 사람이라는 의미였다. 하지만 디지털 시대의 경계인은 두 세상을 다 이해할 뿐 아니라 각 세상에 들어가면 그에 맞는 사고방식과 행동을 하며 살아가는 사람이라는 의미로 바뀌었다. 디지털에 대해서는 디지털의 언어와 방식으로 생각하고 행동하지만 전통적인 비즈니스에 대해서는 그 사업의 언어로 생각하고 행동한다는 것을 뜻한다. 결국 디지털 리더는 디지털만 잘 아는 것으로도 부족하고 전통적인 비즈니스만 아는 것으로도 부족하다. 두 세상에 대한 완벽한 이해가 필요하다. 여기에다가 필요에 따라 각 세상의 모드로 자신을 빠르게 전환할 수 있는 능력을 요구한다.

이 책은 이러한 고민을 하는 경영자를 위해서 썼다. 우선 IT가 어떻게 발전하고 변화하는지에 대한 큰 그림을 이야기한다. 바다를 항해하려면 바다에 대한 이해가 필요하듯이 디지털 전략을 수립하는 데는 IT에 대한 큰 그림의 이해가 필요하기 때문이다. 이에 따른 다양한 비즈니스 기회를 설명한다.

물론 IT에 관심이 있었고 새로운 기술의 세세한 부분까지 이해할 수 있다면 디지털 전략을 세우는 데 좀 더 좋을 것이다. 그런데 필자들의 생각으로는 IT는 워낙 빠르게 바뀌기 때문에 기술의 세세한 부분을 지속적으로 학습하는 것보다는 어떻게 바뀌어갈지에 대한 큰 그림을 이해하는 것이 더 효과적이다. 미래 대응 전략은 IT가 어떻게 바뀔지에 대한 예상을 바탕으로 세워야 한다. 기술의 세세한 부분은 현재의 IT에 대한 것이기 때문이다.

물론 신이 아닌 이상 미래의 IT가 어떻게 변화할지를 정확히 예상하기는 어렵다. 그렇지만 큰 이해가 있으면 대략의 모습은 예상해볼 수 있다. 그걸 바탕으로 전략을 세워야 실효성이 있을 것이다. 이 책에서는 IT와 디지털의 특성이 무엇이고 앞으로 어떤 미래를 그려갈지에 대해 전반적으로 얘기할 것이다. 그에 따른 비즈니스 창출 기회에 대해서도 살펴볼 예정이다.

그동안 IT는 우리가 처음에 생각하지 못했던 새로운 비즈니스를 만들어왔다. 예를 들어 카카오톡이 처음 등장했을 때 문자 서비스 말고 택시나 뱅킹에까지 연결되리라고 예상한 사람은 많지 않았다. 디지털 리더십에서 IT가 미래에 만들어낼 비즈니스 기회를 미리 포착하고 평가할 능력은 매우 중요하다. 마치 선장이 바다를 항해하면서 앞에 보이는 파도가 위기인지 기회인지 판단하고 타고 넘을지 뚫고 갈지를 결정하는 역할을 하는 것과 같다.

IT가 가져오는 비즈니스 기회는 정말로 다양하고 복잡하다. 더군다나 기회의 평가는 더더욱 어렵다. 아무리 좋은 비즈니스 기회라고 하더라도 누가 어떻게 실행하는가에 따라 성패가 달라지기 때문이다. 그렇지만 비즈니스 기회에 대한 전반적인 평가는 어느 정도 가능하다. 예컨대 과거의 주식시장을 분석해보면 미래 개별 주식의 주가를 예측하기는 어렵지만 산업별 예측은 어느 정도 가능한 것과 같다. 과거에 IT가 가져온 비즈니스 기회에는 어떤 것이 있고 반복될 부분과 그렇지 않은 부분을 나누어 살펴볼 것이다. 그리고 앞으로의 비즈니스 기회에 관해서도 얘기할 것이다.

두 번째로 디지털 리더가 가져야 할 조건은 실행력이다. 아무리 IT에 대한 높은 이해와 정확한 판단으로 좋은 비즈니스 기회를 포착했다고 하더라도 실행하지 않으면 소용이 없다. 앞에 닥쳐오는 파도를 어떻게 넘어야 할지 잘 판단했더라도 실행해줄 선원을 잘 이끌어서 지휘하지 못하면 난파당할 수밖에 없다. 그런데 실행력이라는 것은 뒤돌아보지 않고 불도저처럼 밀어붙이는 것을 뜻하지 않는다. 디지털 리더는 그와는 다른 실행력이 필요하다.

디지털 리더에게 필요한 실행력을 한마디로 요약하면 '아이디어

를 빨리빨리 실험해보면서 그 결과와 시장의 반응에 따라 유연하게 반응하는 능력'이다. 과거 산업화 시대에는 '나를 따르라!' 혹은 '하면 된다!'라는 식의 실행력이 필요했고 또한 효과를 발휘했다. 하지만 디지털 시대에는 그렇지 않다. 디지털 리더십에서 필요한 실행력은 비즈니스 기회의 포착과 성공을 뜻한다. 디지털 시대에 포착한 비즈니스 기회를 어떻게 실행하는 것이 효과적인지에 대해서 살펴볼 것이다.

대항해 시대의 선장들은 바다에 대한 이해와 적응력과 더불어서 육지에서의 비즈니스에 대한 이해는 물론이고 선원들에 대한 통솔력도 갖추어야 성공할 수 있었다. 즉 바다의 파도를 읽고 폭풍우를 헤치고 나가는 능력, 미지의 신대륙에 도착했을 때 어떤 물건을 교역

디지털 시대 경영자는 디지털(바다)에 대한 이해, 전통적인 물리적인 비즈니스(육지)에 대한 이해, 리더십(선원 통솔)을 갖추어야 한다.

해야 육지의 고객들을 만족시킬지에 관한 판단 능력, 그리고 거친 선원들을 잘 이끌어서 무사히 항해를 할 수 있도록 하는 능력이 다 필요했다. 디지털 시대의 경영자도 마찬가지이다. 디지털(바다)에 대한 이해, 전통적인 물리적인 비즈니스(육지)에 대한 이해, 리더십(선원 통솔)을 갖추어야 성공적인 항해를 할 수 있을 것이다.

1부
디지털 기술과
비즈니스 기회의 포착

2부

디지털 리더십과
비즈니스 실행력

1부

디지털 기술과
비즈니스 기회의 포착

1장

디지털 기술이
만들어내는 가치

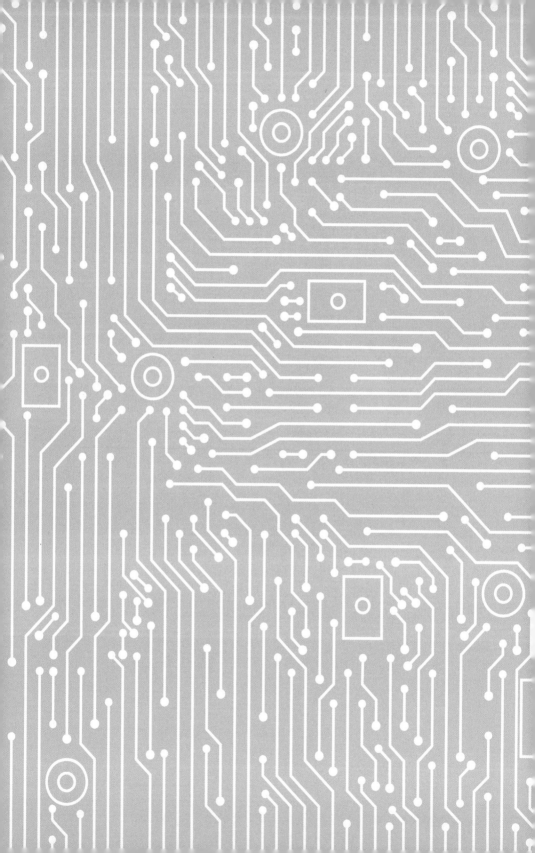

1

디지털 기술의
특성을 알아야 한다

"앞으로 10년 후에는 원자력으로 가동되는 진공청소기가 사용될 것이다."

진공청소기 업체 루이트Lewyt Corp의 알렉스 M. 루이트Alex Lewyt 사장이 1955년에 『뉴욕타임스』와의 인터뷰에서 한 말이다.[1] 지금 생각하면 조금은 황당한 예상이다. 하지만 그 당시 원자력 기술이 막 실용화되기 시작하면서 사회적으로 기술 발전에 대해 매우 낙관적이었음을 고려하면 어느 정도는 이해가 된다. 이 예측은 70여 년이 지난 지금까지도 실현되지 않았다.

"내가 예측건대 인터넷은 곧 대폭발을 일으켜 1996년에는 붕괴될 것이다."

이 예측은 인터넷이 막 대중화되기 시작하던 1995년에 로버트

멧칼프의 법칙

네트워크의 규모가 커지면 비용은 직선적으로 늘지만 그 가치는 폭발적으로 증가한다.

멧칼프Robert Metcalfe가 컨트롤 타워가 없는 인터넷의 장래를 비관하면서 한 말이다. 지금 보면 완전히 잘못된 예측이다. 인터넷을 잘 몰라서 그랬다고 생각할 수도 있을 것이다. 그런데 로버트 멧칼프는 인터넷을 만든 사람 중 한 명이다. 그리고 현재 인터넷의 특성으로 얘기하는 네트워크의 규모가 커지면 비용은 직선적으로 늘지만 그 가치는 폭발적으로 증가한다는 멧칼프의 법칙[2]을 제시한 사람이다. 인터넷 전문가가 인터넷의 미래에 대해 지나치게 비관적인 예측을 한 것이다.

어떤 사람은 기술에 대해 지나친 낙관을 했고 또 어떤 사람은 지나친 비관을 했다. 이처럼 기술에 대한 예측은 매우 어렵다. 그 분야의 전문가들마저 틀린 예측을 했다. 그럼 왜 그들의 예측이 틀렸을까? 그건 기술의 특성에 대한 이해 부족 때문이다. 원자력 청소기의 경우 원자력 기술의 특성상 발전이 느릴 수밖에 없다. 그런데 다른 기술처럼 빨리 발전해서 소형화되고 저렴한 원자로가 나올 것으로 예측한 것이다. 인터넷 예측은 분산시스템의 적응력과 IT의 발전 속도를 너무 과소평가해서 비관적으로 예측한 것이다.

기술 예측을 정확하게 하기 위해서는 그 자체의 특성을 잘 이해해야 한다. 기술을 잘 이해해야 사회에서 어떻게 가치를 만들고 수용될지 알 수 있기 때문이다. 마찬가지로 디지털 기술도 그 기술의 근본적인 특성을 잘 이해해야 어떻게 사용될지 정확히 알 수 있을 것이다.

디지털 기술은 0과 1로 이루어져 있다

지금은 디지털과 정보기술이 거의 같은 의미로 사용된다. 하지만 이 둘은 엄밀하게 말하면 같은 것은 아니다. 디지털 기술은 정보를 0과 1이라는 두 가지 숫자로 변환해서 처리하는 것을 말한다. 바꾸어 말하면 정보를 아날로그 기술로도 처리할 수도 있다는 것이다. 실제로 컴퓨터 기술 발전의 초기부터 1960년대 정도까지는 정보를 전압과 같은 연속 값으로 바꾸어서 처리하는 아날로그 기술이 사용되기도 했다. 그 이후로 아날로그 기술보다 디지털 기술이 정보 처리하는 데 장점이 더 많다 보니 대부분 바뀌게 되었다. 최근에 우리가 사용하는 IT는 거의 모두가 디지털 기술이다. 현재는 IT가 디지털 기술이고 디지털 기술이 IT라고 해도 크게 틀리지 않게 됐다. 또한 정보라고 하면 곧 디지털 정보를 말하게 됐다.

IT가 디지털의 특징을 가지게 된 것은 정보처리에 디지털 기술이 사용되면서다. IT 분야는 기계나 화학 같은 다른 기술 분야와는 완전히 다른 성질을 갖고 있다. 예를 들어 스마트폰과 같은 IT는 보급 속도와 혁신의 정도에서 기존의 전통적인 기술과는 그 양상이나 스케일이 다르다. 이러한 차이가 결국은 디지털의 특징 때문이라고 볼 수 있다. 따라서 디지털에 대한 이해는 미래 IT에 대한 이해를 위해 매우 중요하다.

우선 디지털 IT는 무엇을 대상으로 하는지 생각해볼 필요가 있다. 디지털 IT가 다루는 대상은 정보이며 정보는 물리적인 실체가 없는 가상의 재화이다. 즉 정보는 물리적인 실체가 없고 눈에 보이지 않는 추상적인 것이다. 우리가 머리로 생각하는 추상적인 개념과 같은 것이라고도 할 수 있다. 물론 가상의 정보라고 하더라도 기록과 처리를 위해서 물리적인 수단, 예를 들어 반도체 메모리 같은 것을 사용하기는 하지만 근본적으로 정보는 가상의 재화이다. 디지털의 특징은 많은 부분이 정보가 가상의 재화라는 것에 있다. 정보는 가상의 재화이기 때문에 크게 네 가지 특징을 보인다. 첫째, 발전 속도가 빠르다. 둘째, 디지털이기 때문에 연속적continuous이지 않고 단속적discrete이다. 셋째, 복제와 가공에 들어가는 비용이 거의 0에 수렴한다. 넷째, 더 많은 정보를 결합할수록 가치가 올라간다.

IT가 정보처리 속도나 용량에서 빨리 발전하는 것은 대부분 잘 알고 있을 것이다. 컴퓨터의 메모리 용량이 기하급수적으로 증가한다는 황의 법칙[3]이나 컴퓨터의 처리 속도가 기하급수적으로 증가한다는 무어의 법칙[4]을 언급하지 않더라도 경험적으로 IT의 발전이 빠르다는 것을 잘 알고 있다. 5년이나 10년 전의 컴퓨터 메모리 용량과 프로세서의 속도와 현재의 컴퓨터의 메모리 용량과 프로세서 속도

컴퓨터 저장 장치

1956년 IBM이 개발한 하드 디스크 드라이브. 무게가 1톤이 나가고 대여로 사용하면 한 달에 3,200달러(현재 가치로 약 2만 9,000달러)의 대여료를 지급해야 했던 저장 장치이다.
(출처: http://thehistoryproject.co.uk)

를 비교해보면 IT의 발전 속도가 얼마나 빠른지 알 수 있을 것이다.

IT 발전 속도와 비교해보면 기계, 자동차, 비행기 등과 같은 물리적인 기술의 발전 속도는 상대적으로 매우 느리다. IT와 물리적인 기술의 발전 속도를 대조적으로 보여주는 것이 다음의 사진이다. 사진에서 비행기에 싣고 있는 것은 1956년에 IBM이 개발한, 당시로서는 최첨단 IT인 하드 디스크 드라이브HDD, 즉 우리가 요즘 사용하는 하드 디스크 드라이브, 솔리드 스테이트 드라이브SSD, 혹은 USB 메모리와 같이 정보를 저장하는 장치이다. 무게가 1톤이 나가고 대여로 사용하면 한 달에 3,200달러(현재 가치로 약 2만 9,000달러)의 대여료를 지급해야 했던 저장 장치이다. 한 달에 한화로 약 3,000만 원을 지급해야 빌릴 수 있는 고가의 장치였다. 그런데 이 제품의 저장 용량은 약 5메가바이트에 불과했다. 우리가 많이 듣는 MP3 노래 한 곡 정도에 해당하는 용량이다. 현재 PC에서 많이 사용하는 2테라바이트 용량의 솔리드 스테이트 드라이브에 비하면 약 4만 분의 1에 불과하다. 그런데 가격은 수천 배에 달했으니 가격당 용량으로 계산하면 지금의 저장 장치는 1956년에 비해 수억 배 커졌다고 할 수 있다.

저장 용량과 함께 컴퓨터의 성능을 좌우하는 처리 속도를 살펴보자. 현재의 컴퓨터 정보 처리 속도(정해진 시간에 수행할 수 있는 계산의 수)는 1950년대에 비하면 말할 것도 없고 1970년대에 비해서도 약 10^8~10^9배 빨라졌다.[5] 즉 컴퓨터의 처리 속도도 같은 기간에 수억 배에서 수십억 배 빨라진 것이다. 컴퓨터의 저장 용량과 처리 속도는 지난 수십 년 동안 기하급수적으로 발전해왔다.

이번에는 같은 사진에서 이 하드 디스크 드라이브를 운송하는 비행기를 생각해보자. 비행기는 전형적인 물리적인 기술이다. 비행기는 그때보다 얼마나 많이 발전했을까? 사진에 나온 비행기는 보잉 707기종으로 추정된다. 보잉 707기종은 비즈니스석과 일등석을 없애고 모든 좌석을 이코노미석으로 해서 승객을 최대한 태우면 약 300명이 탈 수 있었다고 한다. 그렇다면 현재 가장 큰 민항기인 에어버스 A380은 최대 몇 명을 태울 수 있을까? 이코노미석으로만 태우면 최대 약 850명이 탑승할 수 있다고 한다. 같은 기간 동안 컴퓨터의 저장 용량은 수백만 배 증가한 데 비해 비행기의 탑승 인원은 채 3배가 증가하지 못했다.

이런 상황은 다른 물리적인 기술도 마찬가지이다. 자동차가 전기자동차로 바뀌면서 배터리의 중요성이 커지고 있다. 배터리의 성능 중 가장 중요한 것은 일정 용량이나 무게에 저장할 수 있는 전기에너지의 양인 에너지 밀도이다. 현재 전기자동차에서 가장 많이 사용되는 배터리는 리튬이온 배터리이다. 리튬이온 배터리의 에너지 밀도는 모델에 따라 차이가 있지만 평균 1리터당 400와트라고 알려져 있다. 1리터 부피(크기)의 배터리가 400와트 전기를 한 시간 정도 사용할 수 있는 양의 전기에너지를 저장할 수 있다는 것이다. 1950년 대에 주로 사용됐던 배터리는 납축전지로 에너지 밀도가 약 1리터당 90와트 정도이고 성능이 더 좋은 니켈 카드뮴 전지는 1리터당 150와트 정도의 에너지 밀도를 가지고 있었다. 1950년대부터 지금까지 배터리의 성능은 약 3~4배 정도 향상이 됐다는 것이다.

현재 개발 중인 전고체 배터리가 완성되면 에너지 밀도가 리튬이온 배터리의 2배 정도로 향상될 것이라고 한다. 이 정도도 굉장한 성능 향상이기는 하지만 앞에서 설명한 메모리나 연산 능력의 향상에 비하면 매우 느리다고 할 수 있다. 게다가 전고체 배터리가 언제 상용화될지는 여전히 불투명하다. 배터리뿐만이 아니다. 자동차 엔진의 출력과 연비 등도 조사해보면 같은 기간에 2~5배 정도 향상했음을 확인할 수 있다. 즉 비행기, 자동차, 배터리와 같은 물리적인 기술은 지난 40~50년 동안 성능이나 용량이 2~5배 정도 증가했다는 것이다.

여기서 한 가지 중요한 질문을 던져보겠다. '왜 정보기술은 그렇게 빨리 발전하는데 비행기나 자동차와 같은 물리적인 기술은 그렇게 느리게 발전하는 것일까?' 이 질문에 대해서 독자들은 각자의 다양한 답을 제시할 것이다. 그리고 아마 이렇게 요약할 수 있을 것이다. '정보기술은 가상의 정보를 다루는 데 비해 물리적인 기술은 물리적인 대상을 다루다 보니 물리적인 공간이나 자원이 필요하기 때문이다.' 즉 물리적인 물체를 대상으로 하는 기술은 물리적인 운동을 해야 하다 보니 물리 법칙의 범위 안에서만 발전할 수 있어서 느리다. 그에 비해 IT는 가상의 정보를 다루다 보니 물리 법칙의 지배를 적게 받아서 빨리 발전할 수 있다는 것이다.

저장 용량을 생각해보자. 반도체의 저장 용량이 매년 급속도로 증가하는 것은 내부에서 전선 역할을 하는 선로의 폭을 줄여서 집적도를 높이기 때문이다. 선로의 폭이 10나노미터인 반도체에 비해서 현재 사용되거나 개발 중인 5나노미터와 3나노미터인 반도체는 선의 폭이 작아 더 많이 집적할 수 있어 용량이 급격히 커질 수 있다. 반대로 물리적 기술을 생각해보자. 만일 자동차의 연비를 높이기 위해서 크기를 2분의 1로 줄이거나 철판의 두께를 절반으로 줄이면 어떻게 될까? 그 자동차는 가치를 잃게 될 것이다. 자동차 같은 물리적인 제품의 가치는 그 제품의 물리적인 속성인 일정한 크기와 강도와 모양 등이기 때문이다. 반도체와 같은 IT 제품은 크기와 같은 물리적인 속성이 가치가 아니라 가상의 재화인 정보가 가치이다. 따라서 정보를 처리할 수 있다면 선로의 폭과 같은 물리적인 속성이 중요하지 않다.

IT는 가상의 재화인 정보를 다루는 기술이다. 따라서 물리 법칙의 지배를 적게 받기 때문에 비교적 빨리 발전할 수 있다. 그에 비해서 물리적인 기술은 물리적인 대상을 다루기 때문에 물리 법칙의 테두리 안에서 발전할 수밖에 없어서 느리다. 그런데 여기서 구분해야 하는 것이 있다. IT 기술이라고 해도 모든 기술이 비슷한 속도로 발전하는 것은 아니라는 점이다. 스마트폰에서도 가상의 정보를 처리하는 기술은 매우 빨리 발전했지만 배터리를 한 번 충전해서 사용할 수 있는 시간이나 스마트폰의 무게와 같은 물리적인 기술들은 매우 느리게 발전했다.

디지털 기술은 모든 정보를 0과 1이라는 두 가지 숫자의 조합으로 변환해서 처리한다. 어떤 종류의 정보이든지 컴퓨터가 처리하기 위해서는 0과 1의 조합으로 바꾼다는 것이다. 그런데 이들 정보가 나타내는 대상은 매우 다양하다. 컴퓨터가 똑같이 0과 1의 조합으로 처리하는 정보가 어떤 경우에는 온도를 나타내기도 하고 또 어떤 경우에는 소리와 영상을 나타내기도 하고 또 어떤 다른 경우에는 물체의 움직임을 나타내기도 하는 식이다. 결국 디지털 기술은 현실의 수없이 다양한 현상이 0과 1의 조합이라는 동일한 방식으로 변환돼 처리되는 것이다.

한 가지 기억해야 할 것이 있다. 이들 정보가 나타내는 대상인 현실의 세상은 디지털이 아니라는 것이다. 현실은 연속적인 세상이다. 현실은 원자와 분자로 이루어진 물리적인 세상이고 만들어내는 정보도 연속적이다. 예를 들어 온도도 연속적이고 소리나 물체의 움직임도 연속적이다. 그런데 정보를 디지털로 처리하기 위해서는 이들을 0과 1의 조합이라는 디지털 값으로 바꾸어야 한다. 0과 1로 표현

연속적인 현실과 단속적인 디지털

현실: 원자와 분자의 세상(연속성)　　　　정보: 디지털의 세상(단속성)

되는 디지털은 연속적인 값이 아니라 단속적으로 끊어져 있다. 즉 디지털에는 0 혹은 1만 존재할 뿐 그 중간은 없다. 여기서 현실의 세상과 디지털이 나타내는 정보의 괴리가 생긴다. 현실은 연속인데 이를 디지털화한 정보는 단속 값이라는 것이다.

　그림에서 본 것처럼 현실은 원자와 분자라는 연속적인 물체로 만들어져 있다. 이들이 만들어내는 정보도 연속적이다. 이를 디지털 정보로 바꾸면 0과 1 숫자의 조합으로 변환된다. 이 숫자는 단속적인 성질을 가지며 끊어져 있다. 즉 0과 1만 존재할 뿐 그 중간이 없다. 이들 정보는 편의상 0과 1이라는 숫자로 표시할 뿐이지 다른 방식으로 표시할 수 있다. 예를 들어 그림에 나와 있듯이 '높다/낮다'의 조합으로 표시할 수도 있다.

　연속적인 현실과 단속적인 디지털 세상의 괴리가 어떤 결과를 만들어낼까? 가장 먼저 생각할 수 있는 것은 정보의 부정확성이다. 0과 1이라는 단속적인(끊어진) 값으로 정보를 표시하기 때문에 연속 값을 갖는 아날로그보다 디지털은 아무래도 정보의 정밀성이 떨어진다. 물론 사용하는 숫자의 자릿수를 늘리면 더 정밀하게 할 수 있다. 0과 1 이진수 한자리로 표시할 수 있는 경우의 수는 2가지이지만 8자리로 표시할 수 있는 경우의 수는 2^8=256가지가 되고 16자리로 표현할 수 있는 경우의 수는 2^{16}=6만 5,536가지가 되는 등 점점 더 다양한 값을 나타낼 수 있다. 자릿수가 32나 64 등으로 충분히 커지면 영상이나 소리 등을 부드럽게 표현할 수 있다. 실제로는 자릿수를 아무리 크게 해도 디지털의 특성상 미세한 단절이 있게 마련이다. 하지만 인간의 감각으로는 이것을 알기 어려울 정도로 부드럽게 만들 수 있다. 그렇지만 단속적이라는 본성이 없어진 것은 아니다.

단속적인 값이 단점만 있는 것은 아니다. 단속적이다 보니 아무리 여러 번 복제해도 원본과 정확하게 똑같은 값을 갖는다는 장점이 있다. 우리가 경험적으로 알고 있는 것은 물리적인 물체는 복제를 여러 번 하면 원본과 달라진다는 것이다. 문서를 디지털이 아닌 일반 복사기로 복사한 후에 그 사본을 다시 복사하기를 반복하면 할수록 원본보다 선명도가 떨어진다. 도장을 문서에 찍으면 찍을수록 도장의 문양이 뭉개지면서 원래의 도장과 다른 모습이 된다. 그 이유는 물리적이고 아날로그적인 성질을 갖는 물체는 복제하면서 미세하게 값이 달라지는데 반복되면서 편차가 누적돼서 커지기 때문이다.

반면 디지털은 0 아니면 1이기 때문에 복제하거나 사용하면서 미세하게 값이 변형되더라도 그것을 다시 0과 1로 바꿀 수 있어서 원본과 같아진다. 디지털 파일을 복제하면서 시스템의 문제로 1이 1.1, 0이 0.1로 복제됐다 하더라도 1.1은 0과 1 중에서 더 가까운 1로 디지털에는 0 혹은 1만 존재할 뿐 그 중간은 없다.

다시 바꾸고 0.1은 더 가까운 0으로 바꿀 수 있어서 원본과 동일해지는 것이다. 디지털은 복제하면서 자체적으로 오차를 바로잡는 성질이 있다. 정보를 멀리 보내는 통신에서도 마찬가지로 오차를 바로잡을 수 있다. 오차가 너무 커서 0이 1로 혹은 1이 0으로 복제나 송신되는 경우도 물론 있을 수 있다. 자세한 기술적인 설명은 생략하지만, 이런 때를 대비해서도 오류를 바로잡는 방법이 마련돼 있다. 중요한 것은 디지털 정보는 아무리 복제해도 원본과 동일한 품질을 유지하는 성질이 있다는 것이다. 이러한 디지털의 특성은 우리가 경험하는 수많은 디지털 혁신의 근본적인 원동력이기도 하다.

디지털 정보의 변동비는 거의 0이다

정보는 가상의 재화이기 때문에 복제가 쉽고 비용이 들지 않는다.

디지털 생태계. 일단 디지털화되고 나면, 즉 영화를 동영상으로 만들어 디지털 파일로 만들고 나면 복제
하거나 멀리 보내는 데 거의 비용이 들지 않는다.

어떤 종류의 정보이든지 일단 디지털화되고 나면 매우 빠르고 쉽게
또한 거의 0의 비용으로 복제할 수 있다. 디지털의 또 다른 특징이
다. 대표적인 디지털 제품으로 스마트폰이나 컴퓨터를 생각하는 사
람이 있을 것이다. 엄밀히 얘기하면 스마트폰이나 컴퓨터는 디지털
정보가 아니라 기기라고 할 수 있다. 디지털 정보 자체가 제품이 되
는 대표적인 예는 영화, 드라마, 음악과 같은 콘텐츠 혹은 검색엔진
이나 모바일 앱과 같은 IT 서비스이다. 영화나 음악은 처음 만들 때
는 고정비가 많이 든다. 상업용 영화 한 편을 제작하기 위해서는 적
게는 수억 원에서 많게는 수천억 원까지 비용이 들어간다.

그렇지만 일단 제작돼 디지털화되고 나면, 즉 영화를 동영상으로
만들어 디지털 파일로 만들고 나면 복제하거나 멀리 보내는 데 거의
비용이 들지 않는다. 특히 앞에서 설명한 것과 같이 디지털 기술은

매우 빨리 발전하는 성질이 있어서 비용이 점점 더 줄어들고 있다. 디지털 정보는 고정비는 크지만 변동비는 거의 0인 셈이다.

이에 비해서 물리적인 제품인 자동차, 책상, 의자 등은 제품을 개발하는 데도 고정비가 들지만 설계된 제품을 하나 더 만드는 데도 변동비가 크게 든다. 실제로 자동차, 가구, 옷 등 대부분의 물리적인 제품은 그 원가를 분석해보면 고정비보다 변동비의 비중이 훨씬 크다. 자동차는 신차 개발비와 생산라인을 만드는 비용이 처음에 들어가는 고정비이다. 이에 비해 자동차를 실제로 생산하면서 생산 대수에 비례해서 들어가는 원재료비, 인건비, 에너지비, 그리고 기타 공장 간접비 등이 변동비이다. 자동차의 원가 분석을 해보면 변동비는 고정비의 약 3배라고 알려져 있다.[6] 즉 자동차 원가를 100으로 보면 변동비가 약 75이고 고정비가 약 25라는 것이다.

디지털 정보는 복제하는 데 들어가는 변동비가 거의 0이고 복제해도 원본의 품질을 유지한다는 엄청난 장점이 있다. 물리적인 물체는 복제하는 데 변동비가 크게 들어갈 뿐 아니라 할수록 품질이 떨어진다는 한계가 있다. 반면 정보는 일단 디지털로 바뀐 후에는 비용이 거의 0이고 무제한 복제가 가능하면서도 원본과 동일한 품질을 유지하기 때문이다. 정보는 복제비뿐 아니라 가공비도 매우 적다. 일단 디지털로 변환된 정보는 가공하는 데 아주 적은 비용이 든다. 반면 물리적인 물체들은 가공하는 데 큰 비용이 들어간다. 물리적인 물체를 가공하려면 물리적인 변형이 필요하고 물리적인 운동을 위한 에너지와 정교한 움직임이 필요하기 때문이다.

간단한 예로 1만 개의 숫자를 순서대로 정렬하는 데 들어가는 비용과 시간과 1만 개의 돌멩이를 무게 순서대로 정렬하는 데 들어가는 비용과 시간을 생각해보면 이해가 쉬울 것이다. 똑같이 1만 개의 숫자를 순서대로 정렬할 때도 컴퓨터에 입력한 디지털 정보의 형태로 정렬할 때와 1만 개의 종이 카드에 숫자를 써서 정렬할 때 들어가는 시간과 노력을 비교해보면 더 이해가 쉬울 것이다.

물론 디지털 정보라 해도 가공 비용이 완전히 0은 아니다. 디지털 정보의 처리를 위해서는 컴퓨터가 전기에너지를 사용한다. 비트코인 채굴에도 많은 전기가 사용된다. 그렇지만 암호화 화폐는 극단적인 경우이고 대부분의 정보 처리에 필요한 비용은 그보다는 훨씬 적다. 또한 앞서 설명한 바와 같이 컴퓨터의 계산 용량이 기하급수적으로 증가하기 때문에 정보의 가공 비용은 더욱 낮아질 것이다.

디지털 정보의 특징은 무한한 확장성과 빠른 증가이다. 디지털 제품과 서비스는 0에 가까운 변동비와 가공비 때문에 빠르게 확장과 보급이 가능하다. 물리적인 제품이나 서비스는 확장하고 보급하려면 비례해서 비용이 들어간다. 둘은 사뭇 다른 양상을 보이는 것이다. 따라서 효과적으로 작동하는 비즈니스의 전략도 매우 다를 것이다.

디지털 정보의 또 다른 특징은 다양한 정보를 많이 결합할수록 가치가 올라간다는 것이다. 고객의 정보 중 이름과 주소만 있는 것보다 나이, 성별, 최근에 구입한 제품 등의 정보를 결합하면 가치가 더 올라간다. 더 많은 정보를 가지고 분석하면 더 정확한 예측과 맞춤형 서비스가 가능해지기 때문이다. 이에 비해 물리적인 제품은 다양한 제품을 결합한다고 해서 가치가 더 올라가지는 않는다. 예를 들어 상의와 하의를 결합하면 오히려 불편할 것이다. 자동차와 비행기 같이 결합 자체가 기술적으로 어려운 경우도 많다. 물론 시계와 라디오를 결합하거나 의자와 책상을 결합하는 것과 같이 실제로 결합이 가능하고 결합된 제품이 편리한 경우도 간혹 있다. 그렇지만 대부분 물리적인 제품은 결합이 불가능하거나 가능하다고 해도 가치가 크지 않다.

왜 이런 차이가 생기는 것일까? 그 이유는 앞에서 설명한 변동비와 가공비와도 관련이 있다. 물리적인 제품이든 가상의 정보이든 결합하면 결합 비용과 결합에 따른 이익이 발생한다. 결합 비용은 서로 결합이 잘되도록 맞추는 데 드는 비용이다. 고객 정보는 결합되는 정보가 같은 고객에 대한 것인지 확인해서 해당 고객 정보와 합치는 과정이 필요하고 물리적인 제품도 서로 잘 맞도록 조정하고 나사로 조이든지 접착제로 붙이는 등의 실제로 결합하는 과정이 필요하다. 물리적인 제품은 결합도 물리적으로 이루어져야 한다. 그러다 보니 물리적인 가공에 따른 비용이 상당히 크다. 이에 반해 가상의 정보는 결합 과정도 가상의 정보 처리이다 보니 그 비용이 크지 않다. 물리적인 제품은 결합 비용이 이익보다 너무 커서 가치가 없다. 반면에 가상의 정보는 결합 비용이 매우 적기 때문에 할수록 가치가 커진다고 볼 수 있다. 최근에 기업이 정보 확보에 엄청난 노력을 기울이는 것도 결국은 정보를 많이 가질수록 가치가 커지기 때문이다.

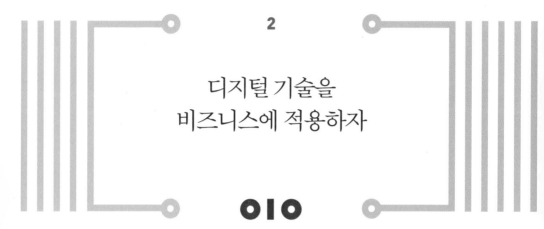

2

디지털 기술을
비즈니스에 적용하자

2008년에 창업한 에어비앤비나 2009년에 창업한 우버는 대표적인 O2O online-to-offline 비즈니스로서 성공했다. 이 두 기업은 오프라인의 고객과 서비스 제공자를 연결해주는 비즈니스 모델로 성공했다. 그런데 비슷한 비즈니스 모델로 시작한 기업 중 실패한 기업이 아주 많다는 사실은 잘 알려지지 않았다. 예를 들어 2012년에 창업한 청소 서비스 홈조이 Homejoy는 2015년에 파산했고 2013년에 창업한 주문형 세탁 배달 서비스 와시오 Washio는 2016년에 파산했다. 에어비앤비나 우버와 비슷한 비즈니스 모델로 시작했고 초기에 수천만 달러의 투자를 받는 등 큰 기대를 받았다. 그러나 이 두 기업은 모두 창업 후 2~3년 만에 문을 닫고 말았다.

왜 에어비앤비와 우버 그리고 홈조이와 와시오는 그냥 보기에는

VS.

왜 우버와 에어비앤비는 성공했고 홈조이와 와시오는 실패했는가? 성패를 가른 요인 중 하나는 디지털 비즈니스에 대한 이해 부족이다.

비슷한 비즈니스 모델인 것 같은데 성패가 갈렸을까? 여러 가지 다른 점이 존재한다. 그중 하나는 디지털 비즈니스에 대한 이해 부족이다. O2O는 현실과 디지털 정보를 잘 결합해서 비즈니스를 하는 것이다. 그건 디지털 기술이 어떤 가치를 만들어내는지와 어떻게 비즈니스에 적용될 수 있는지에 대한 이해가 없으면 실패할 가능성이 크다는 것이다.

디지털 기술이 만능은 아니다

디지털 기술은 워낙 발전이 빠르고 큰 혁신을 가져오다 보니 지나친 기대 내지는 환상을 갖는 경우가 있다. 예를 들어 디지털 기술이 의학이나 바이오 등에 적용돼 인간의 생명을 지금의 2~3배로 늘릴 수 있을 것이라든지 혹은 운송에 적용돼 머지않은 미래에 자동차 대신에 개인용 비행기로 공중을 날 수 있을 것이라든지 하는 막연한 예상이다. 디지털 기술이 큰 혁신을 가져오는 것은 사실이다. 그리고 이러한 예상이 완전히 허황된 것도 아니다.

그렇지만 이런 예상이 실현되기까지 얼마나 시간이 걸릴지 알기 어렵다. 설사 이런 예상이 실현되더라도 디지털 기술이 공헌하는 부분은 생각보다 크지 않을 수도 있다. 의학이나 운송은 물리적인 부분이 아주 큰 분야이다. 그런데 디지털이 공헌할 수 있는 것은 가상의 정보를 처리하는 것뿐이기 때문이다. 물론 디지털 정보 처리가 의학 정보 처리를 더 효율적으로 만든다든지, 교통 통제를 도와서 운송을 더 효율적으로 만든다든지, 자동차나 비행기의 설계를 더 빨리하도록 만든다든지 할 수는 있다. 그렇지만 이러한 예상이 실현되기 위한 핵심은 디지털 기술이 아니라 의학이나 기계공학과 같은 물리적인 기술이다.

사람들이 디지털 기술을 디지털과 직접 상관이 없는 다른 기술과 연관시키는 이유는 크게 두 가지이다. 첫 번째는 디지털 기술의 놀라운 발전을 경험한 사람들이 다른 기술 분야에서도 똑같은 발전이 나타날 것이라고 단순하게 생각하는 것이다. 디지털 기술은 다른 기술, 특히 물리적인 기술과는 성질이 아주 다르다. 물리적인 분야에서의 발전은 물리 법칙의 지배를 받기 때문에 생각만큼 빠르지 않을 것이다. 앞에서 예로 들었던 저장 장치의 용량과 비행기의 탑승객 수송 능력의 비교를 생각해보면 이해가 될 것이다.

두 번째는 전 분야에서 디지털화가 진행될 것이기 때문에 결국 다른 분야도 빨리 적용돼 발전할 것이라고 예상하는 것이다. 많은 사람이 예로 드는 것이 음악산업에서 CD가 사라지고 온라인으로 바뀐 것이다. 또 전 세계 대부분 국가의 쇼핑에서 온라인 쇼핑의 비중이 50퍼센트를 넘어선 것 등을 얘기한다. 그렇지만 이들 분야도 결국 디지털화가 가능한 부분만 그렇게 됐을 뿐이다. 물리적인 부분은 여전히 그대로 존재한다. 음악은 원래가 태생적으로 정보이기 때문에 디지털화가 빨리 된 것이다. 온라인 쇼핑도 주문은 정보이기 때문에 디지털화가 됐지만 물건을 배송하는 부분은 여전히 물리적으로 존재한다는 것을 기억해야 한다. 디지털 기술이 아무리 발전해도 물건의 배송이라는 물리적인 일 자체는 디지털화되지 않을 것이다.

디지털 기술이 별것 아니라거나 다른 분야를 혁신할 수 없다는 뜻은 아니다. 쇼핑이 온라인화되면서 유통 업계에 엄청난 지각변동이 생긴 것처럼 어떤 분야이든 디지털 기술과 결합하면 큰 혁신이 이루어진다. 디지털 기술이 우리의 삶을 근본적으로 변화시킬 것이 확실하다. 다만, 디지털 기술이 큰 혁신을 가져오리라는 것과는 별개로 디지털 기술이 할 수 있는 것과 할 수 없는 것을 명확히 구분할 필요가 있다.

그렇다면 현재 디지털이 가장 성공적으로 발전한 분야는 어디일까? 사람마다 생각이 다를 수 있지만 많은 사람이 바둑을 뽑는다. 몇 년 전에 한국에 인공지능 붐을 일으킨 것 중 하나가 구글의 알파고로 대표되는 인공지능 바둑이었다. 알파고는 세계의 최고수라고 평가되는 한국의 이세돌과 중국의 커제를 차례로 꺾었다. 알파고 이후에

알파고는 세계의 최고수라고 평가되는 한국의 이세돌과 중국의 커제를 차례로 꺾었다. (출처: 넷플릭스)

새로운 알고리즘으로 만들어진 알파고 제로는 이런 알파고를 압도적으로 이겨서 인공지능 바둑이 더욱 강해졌음을 보여주었다.[7] 바둑에서는 인공지능이 사람을 추월했다는 점에 대해서 다들 인정할 것이다.

그럼 디지털 기술 중 하나인 인공지능이 바둑에서 인간을 빠르게 추월할 수 있었던 이유는 무엇일까? 그 이유는 바둑은 '디지털 게임'이기 때문이다. 일단 바둑이라는 게임의 규칙을 생각해보자. 19줄×19줄이 만나는 361개의 지점(착점)에 놓이는 돌로 승부를 결정짓는다. 바둑판의 다른 것은 게임에 상관이 없다. 오직 361개 지점에 '흰 돌이 있는가' '검은 돌이 있는가', 아니면 '아무것도 없는가'만이 게임에 관련이 돼 있다. 바둑이라는 게임에서 줄이 만나는 어떤 한 점(착점)에는 이 세 가지 중 한 가지 상태만 존재할 수 있을 뿐이고 흰 돌 14.39퍼센트 혹은 검은돌 75.28퍼센트와 같은 중간 상태는 없

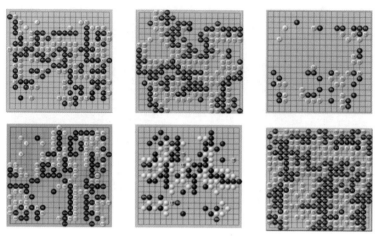

디지털 기보. 알파고의 성공을 가능하게 했던 것은 디지털화된 기보들 때문이다. 인공지능 학습이 가능했다.

다. 앞에서 얘기한 디지털의 특성과 같음을 알 수 있다. 중간이 없는 단속적이라는 점에서 바둑은 디지털이라고 할 수 있다.

따라서 바둑은 게임에 필요한 정보를 완벽하게 디지털 정보로 변환할 수 있다. 이러한 변환에는 정보의 손실이 전혀 없다. 알파고 이전에 컴퓨터가 바둑을 잘 두지 못했던 것은 상태를 완벽하게 인지하지 못해서가 아니고 어디에 돌을 두어야 좋은지를 판단하는 데 필요한 엄청난 계산량을 감당하지 못했기 때문이다. 그러다가 딥러닝이라는 새로운 인공지능 알고리즘이 만들어지고 컴퓨터의 계산량이 엄청나게 늘어나면서 사람을 능가하게 된 것이다.

우리가 사는 현실은 물리적인 세상이기 때문에 완벽하게 현재의 상태를 감지할 수가 없다. 지금 매장에 들어온 고객이 어떤 생각을 하고 있고 어떤 기분인지 알 수 있는가? 우리가 완벽하게 통제한다고 생각하는 자동화 생산라인에서 그 구성하는 모든 원자나 분자까지 완벽하게 파악하고 있는가? 그렇지 못할 것이다. 다만, 우리가 원하는 불량률 0.01퍼센트 이하라는 결과를 얻기 위해 온도, 습도, 압력, 전압, 이동 속도 등의 중요한 정보만 파악하고 있을 뿐이다.

바둑에서 컴퓨터가 사람을 추월하게 된 특징이 또 하나가 있다. 바둑에서는 성과가 명확하게 결정되고 중간에 둔 돌이 성과에 어떤 영향을 미쳤는지를 분명히 알 수 있다. '흑이 백을 10집 차이로 이겼다.' 또는 '백이 3집 반 차이로 승리했다.'라고 결과를 명확히 얘기할 수 있는 것이다. 그 과정에서 한 수를 둘 때마다 이길 확률과 질 확률을 상당히 정확히 계산할 수 있다. 그런데 우리가 하는 많은 일에서는 성과가 명확하게 파악되지 않는 경우가 많다. 또 그 과정의 행동 혹은 의사결정이 어떻게 성과에 연결되는지 알기 어렵다.

고객에게 수익성이 좋고 비싼 A 제품과 수익성은 별로지만 싼 B 제품 중 어떤 것을 판매하는 것이 좋을까를 결정해야 한다고 생각해보자. 일반적으로는 수익성이 좋은 A 제품을 판매하는 것이 좋다고 생각할 수 있다. 그러나 A 제품을 구매한 고객은 너무 비싼 가격을 지급했다고 불만을 가질 수 있다. 그렇게 되면 그 이후에는 싼 경쟁사 제품을 구매해서 결국 전체적인 수익성이 오히려 나빠질 수도 있다. 현실의 문제는 바둑처럼 디지털 게임이 아니고 복잡한 요인들이 얽혀 있어서 그 과정과 성과의 인과관계가 명확하지 않다.

IT가 잘 적용되기 위해서는 현재의 상태와 성과가 명확히 파악되는 것이 중요하다. 디지털 기술의 장점인 데이터 처리를 하는 데 반드시 필요하기 때문이다. 디지털 기술은 현재 상태를 완벽하게 파악한 후 과거의 동일한 혹은 매우 비슷한 상황에서 어떻게 행동했을 때 좋았는지와 나빴는지를 기억했다가 결과가 좋았던 행동과 의사결정을 하는 식으로 작동하기 때문이다. 만일 현재의 상태를 명확히 알수 없다면 과거의 동일한 상황에 대한 정보가 쓸모없게 된다. 또한 현재의 상태를 완벽하게 디지털화해서 파악했다고 하더라도 어떻게 행동하고 의사결정하는 것이 좋은 결과를 가져오는지 알 수 없다면 제대로 작동하지 못한다.

우리가 경계해야 할 것은 바둑과 같은 고도의 지적 능력이 필요한 어려운 게임에서 디지털 기술이 앞서 나갔다고 해서 다른 분야에서도 그렇게 되리라고 오해하는 것이다. 바둑에서 디지털 기술이 빠르게 발전한 건 앞에서 설명한 바둑의 특수성, 즉 현재 상황을 완벽하게 디지털화할 수 있고 중간 과정의 영향과 성과를 명확하게 알 수 있기 때문이다. 기업 경영에서 당면하는 일들은 물리적인 성질이 섞여 있기 때문에 완벽하게 디지털화하기 어렵다. 따라서 정확한 분석과 판단이 어렵고 여전히 사람의 통찰력이나 경험이 더 잘 작동하는 경우가 많다. 이들 분야에서도 전체적으로는 디지털화가 진행될 것이고 그중에서도 더 빨리 진행되는 분야도 있을 것이다. 그렇지만 단기간에 디지털 기술이 효과적으로 작동하기 어려운 분야도 여전히 많이 있다.

예를 들어 바둑판에서 바둑이 아니라 '알까기'를 한다면 디지털 기술이 사람을 쉽게 이길 수 있을까? 알까기는 디지털 기술이 쉽게 완성하지 못할 것이다. 첫째, 딥러닝이 어떤 각도로 얼마만큼의 힘으로 바둑알을 쳐야 한다고 판단할 수는 있다. 하지만 문제는 이것을 정확히 실행하는 물리적인 장치를 만들어야 한다는 점이다. 이런 장치를 정교하게 만드는 것은 디지털과는 별도의 분야이며 커다란 도전이다. 둘째, 설혹 그런 장치를 만들었다고 하더라도 원래 훈련 혹은 학습하던 조건과 달라지면 오류가 생긴다. 따라서 가능한 모든 물리적 조건에 대해서 학습해야 할 것이다. 바둑판이 어떤 나무로 만들어졌는지 혹은 표면이 얼마나 미끄러운지에 따라 결과가 달라진다. 이런 조건을 바꿔가면서 수많은 학습을 해야 할 것이다. 여기에 더해서 습도, 온도, 바람 등의 조건을 바꿔가면서 학습하려면 그 경우의 수가 실행 불가능할 정도로 많아질 수도 있다. 이러한 요소 중 많은 부분은 물리적이다. 따라서 완벽하게 측정해서 디지털화하기 어렵다. 셋째, 우리가 바둑알의 움직임에 영향을 미치는 요소를 완벽하게 알지 못한다. 그래서 모든 경우의 수를 알 수가 없다는 것도 큰 어려움이다.

디지털화가 어렵다고 실망할 필요는 없다. 디지털 기술이 발전하면서 물리적인 상황에 대해 더 많은 디지털 데이터를 정교하게 수집할 수 있게 됐고 중간 과정이 성과에 어떤 영향을 미치는지도 이해되고 있다. 예를 들어 디지털 기술이 발전하면 제품 A를 구매한 고객이 경쟁사 제품을 구매했는지와 그 이유가 무엇인지 등을 알 수 있게 될 것이다. 고객의 소셜미디어 등을 분석하면 고객의 불만 정도를 알 수 있고 다른 회사에서 고객이 어떤 제품을 언제 구매했는지 등의 정보를 알 수 있게 된다. 그러면 고객 분석이 가능해지는 것이다.

지금은 시작 단계이기 때문에 이런 분석이 불완전하다. 하지만 데이터가 더 많아지고 디지털 기술이 발전할수록 더 많은 부분이 대체될 수 있다. 핵심은 디지털 기술이 사람을 추월할지 아닐지를 따지는게 아니다. 어떤 분야에서 디지털 기술이 더 효과를 발휘할 것이고 또 어떤 분야에서 사람의 개입이 계속될 것인가에 대한 이해이다.

동적 정보의 가치가 점차 더 커진다

디지털 기술은 정보를 디지털화해서 분석하거나 가공해서 유용한 결과를 만들어내는 것이라고 했다. 결국 디지털 기술이 만들어낼 수 있는 가치도 그 과정을 거쳐서 만들어진다. 그렇다면 디지털화할 수 있는 정보에는 어떤 것이 있는가? 정보의 종류는 매우 다양하다. 우리가 우선 생각할 수 있는 것은 전통적으로 생각하는 유용한 정보가 있다. 아래와 같은 내용이 대표적인 예이다.

> 정적인 정보의 예
>
> 홍삼(紅蔘, 영어: hongsam, Korean red ginseng)은 한약의 일종으로, 인삼 Panax ginseng C. A. Meyer(두릅나무과 Araliaceae)의 뿌리를 찐 것이다.
>
> (…중략…)

현대의 한 연구는 백삼이든지 홍삼이든지 암 발병 확률을 줄여주며 일부 효과는 홍삼이 더 높다고 한다. 그 이외에 현재 실험을 통해 알려진 홍삼의 효능으로는 숙취제거, 노화방지, 항피로와 항스트레스 효과, 혈액순환, 면역기능, 골다공증 예방, 빈혈치료, 남성불임치료 효과, 고혈압 및 당뇨병 개선 등이 있다.

(출처: 위키피디아)

이런 정보는 특정 사물이나 현상에 대해서 유용한 정보를 제공해준다. 잘 변하지 않는 일종의 정적인 정보이다. 이런 정보는 정보라기보다는 지식에 더 가깝다. 정적 정보는 인터넷의 초기에 이미 많이 디지털화됐다. 구글이나 네이버에서 검색하면 웬만한 정보는 다 찾을 수 있다. 여기에 대비되는 것이 계속 바뀌는 동적인 정보이다. 예를 들어 고객의 행동에 대한 다음과 같은 정보이다.

동적인 정보의 예

고객 1
고객 1이 O월 O일 O시에 제품 XYZ을 구매했다. 고객이 구매한 매장은 OOO에 있다. 고객은 이 매장이 월 3~4회 방문한다.
고객 2

> 고객 2가 O월 O일 O시에 온라인 쇼핑몰에 방문했다. 제품 ABC를 쇼핑 카트에 담았다. 고객 2는 12일째 매일 ABC 제품을 쇼핑 카트에 담지만 구매하지는 않았다.

이런 정보는 계속 바뀌며 시간이 지나면 그 가치가 크게 떨어진다. 최근에 얘기하는 디지털화 혹은 디지털 트랜스포메이션에서 말하는 정보는 주로 이런 동적 정보를 말한다. 그런데 이런 동적 정보는 정적 정보와는 다르게 대부분 그 자체로는 유용하지 않다. 동적 정보는 대량으로 모아서 분석해야 가치가 있다. 앞의 고객 정보는 수천, 수만, 심지어는 수천만 명의 정보를 분석해서 다음과 같은 정보를 뽑아내야만 큰 가치를 갖는다.

> 고객 1이 XYZ 제품을 3주 후에 구매할 확률이 매우 크다.
> 고객 2는 제품 ABC의 가격이 10퍼센트 이상 할인되면 이 제품을 구매할 것이다.

이러한 정보는 기업의 의사결정이나 행동에 가이드라인이 될 수 있다. 정확하다면 기업에 큰 가치를 제공할 것이다. 여기서 정적 정보를 디지털화하는 것이 가치가 없다고 말하는 것이 아니다. 정적 정보는 이미 많이 디지털화됐고 그 뒤에는 크게 바뀌지 않기 때문에 새로운 가치를 만들 여지가 적다. 그에 비해 동적 정보는 계속 바뀐다. 기업은 더 많은 정보를 모아서 분석과 처리할 능력이 있어야 더 큰

정적 정보와 동적 정보

홍삼

홍삼(紅蔘, 영어: hongsam, Korean red ginseng)은 한약의 일종으로, 인삼 Panax ginseng C. A. Meyer(두릅나무과 Araliaceae)의 뿌리를 찐 것이다.

(…중략…)

현대의 한 연구는 백삼이든지 홍삼이든지 암 발병률을 줄여주면, 일부 효과는 홈삼이 더 높다고 한다.

(출처: 위키피디아)

고객 1

XYZ 제품을 3주 후에 구입할 확률이 매우 높다.

고객 2

제품 ABC의 가격이 10퍼센트 이상 할인되면 이 제품을 구입할 것이다.

고객 1

고객 1이 ○월 ○일 ○시에 제품 XYZ를 구입했다. 고객이 구입한 매장은 ○○○에 위치한 매장으로 고객은 이 매장이 월 3~4회 방문한다.

고객 2

고객 2가 ○월 ○일 ○시에 온라인 쇼핑몰에 방문했다. 제품 ABC를 쇼핑 카트에 담았다. 고객 2는 12일째 매일 ABC 제품을 쇼핑 카트에 담지만 구입하지는 않았다.

← 정적 정보(지식)　　　행동 지침(가이드라인)　　　동적 정보(데이터) →

데이터의 처리　　데이터의 수집

경쟁력을 가질 수 있다. 즉 디지털 기술을 사용해서 디지털화하는 대상이 정적 정보에서 동적 정보로 옮겨가고 있고 동적 정보가 만들어낼 가치가 점점 더 커진다는 것이다.

디지털 트랜스포메이션에서 강조하는 데이터도 잘 생각해보면 대부분이 동적인 정보에 관한 것이라고 할 수 있다. 정적인 정보는 이미 많은 부분이 디지털화돼 있고 실시간으로 수집하고 처리하는 것에 대한 가치가 상대적으로 적다. 반면 동적인 정보는 실시간으로 수집해서 처리하는 데 따르는 가치가 또한 아직도 얻을 수 있는 것이 무궁무진해서 그 잠재력이 매우 크다.

정보 수집만큼이나 처리해서 가치 있는 행동 지침을 만들어내는 능력도 중요하다. 디지털 리더는 정보에 관한 명확한 이해를 하고 그에 따라 전략을 세워야 한다. 현재는 수집하지 않는 정보도 기술 발전에 따라 수집하게 되면 매우 큰 가치를 만들어낼 가능성이 크다. 디지털 리더는 어떤 동적 정보가 미래에 중요해질지를 정확히 판단하는 능력도 필요하다.

그런데 현재의 비즈니스에서 디지털 기술만으로 모든 것을 할 수는 없다는 점을 기억할 필요가 있다. 디지털 기술은 디지털 정보로 변환된 것에 대해서만 분석과 처리를 할 수 있다. 만일 어떤 비즈니스에 핵심적인 정보가 디지털화되지 않았거나 디지털화되기 어렵다면 디지털화에 어려움을 겪을 것이다. 에어비앤비나 우버와 홈조이나 와시오의 차이를 생각해보자. 에어비앤비나 우버와 홈조이나 와시오의 성패를 가른 것은 여러 가지가 있다. 디지털의 관점에서도 중요한 분기점을 살펴볼 수 있다.

에어비앤비와 우버는 고객이 필요로 하는 서비스 혹은 서비스 제공자가 할 일에 대해서 비교적 쉽게 디지털화가 가능하다. '서울시 서대문구 신촌역 부근에서 2월 16일에서 18일까지 3명이 머무를 수 있고 화장실과 주방이 있는 15평 이상의 방' 혹은 '오후 2시에 신촌에서 강남역으로 2명을 이동시켜주는 서비스'와 같이 비교적 간단한 정보로 필요로 하는 본질적인 서비스를 상당히 잘 나타낼 수 있다.

홈조이는 에어비앤비와 다르다. 고객이 원하는 서비스나 필요로 하는 일의 내용과 양을 표현하거나 디지털화하기가 상대적으로 어렵다. 얼핏 생각하기에는 에어비앤비와 마찬가지로 '서대문구의 30평형 아파트 청소와 정돈'이라고 간단히 나타내면 된다고 생각할 수 있다. 하지만 같은 30평이라 하더라도 집의 구조, 가구와 집기의 종류와 배치, 바닥의 종류, 관리 상태 등에 따라 필요로 하는 일의 정도가 천차만별이다.

게다가 더 중요한 것은 고객이 원하는 청소의 종류도 취향에 따라 편차가 매우 크다. 어떤 사람은 화장실만 깨끗하면 된다고 생각하지만 또 어떤 사람은 바닥의 먼지까지 닦아서 깨끗해야 된다고 생각한다. 진공청소기만으로 청소하는 사람이 있는가 하면 꼭 물걸레 청소까지 해야 하는 사람도 있다. 이런 것들을 디지털화하기는 쉽지 않다. 사용자 후기나 별점 형태로 디지털화한다고 해도 이런 세밀한 정보까지 수집하기는 쉽지 않다. 그러다 보니 서비스를 제공하는 쪽과 받는 쪽 모두가 서로 불만족할 가능성이 크다.

물론 에어비앤비나 우버도 세밀한 내용까지 디지털화하기는 어려울 수 있다. 우버에서 운전자와 대화를 즐기는 사람도 있고 조용히 가기를 원하는 사람도 있다. 에어비앤비에서 얻은 집이 청소 상태가 마음에 들지 않을 때도 있다. 그렇지만 이런 것들은 사용자 후기나 별점 등으로 잘 디지털화할 수 있다. 더욱이 우버나 에어비앤비의 이러한 불만족 요소는 숙박이나 운송의 본질적인 서비스와 직접 연관은 없다. 그러나 홈조이는 청소가 본질적인 서비스인데 디지털화가 어렵다는 것이 다르다.

에어비앤비나 우버와 홈조이나 와시오의 또 다른 차이는 디지털화했을 때 얻을 수 있는 이점이다. 에어비앤비와 우버는 현재 가용한 방이나 자동차 정보를 디지털화하면 매우 큰 이점이 있다. 이들 두 서비스는 고객이 서비스를 필요로 하는 시점과 장소가 매번 바뀐다. 그러다 보니 가용한 방이나 자동차를 실시간으로 확인할 수 있는 디지털 정보가 큰 가치를 갖는다. 이에 비해 홈조이와 와시오는 서비스를 필요로 하는 장소와 시점이 많이 바뀌지 않는다. 집 청소는 사실 청소를 잘하는 사람을 한 명 알게 되면 홈조이 같은 서비스를 군이 이용할 필요가 없다. 바로 직거래해서 그 사람이 고정적으로 오면 되기 때문이다. 실제로 홈조이의 실패 원인 중 하나로 이러한 직거래가 거론된다. 더욱이 동네에 잘하는 세탁소를 하나 알게 되면 직접 세탁물을 가져다주는 것이 와시오를 사용하는 것보다 더 편할 수도 있다. 다시 말해 에어비앤비와 우버의 정보가 훨씬 동적이기 때문에 디지털 정보가 갖는 가치가 홈조이와 와시오보다 훨씬 크다는 것이다.

물론 이런 디지털화의 차이가 에어비앤비나 우버와 홈조이나 와시오의 성패를 다 설명하지는 않는다. 디지털 정보 외 경쟁이라든지 수익배분과 같은 요인들도 매우 중요한 역할을 했다. 이러한 요인들에 대해서는 뒤에서 플랫폼 비즈니스의 관점에서 다시 자세히 설명하기로 하겠다. 어찌 됐든 디지털화에서 이러한 필요 정보의 차이를 이해하는 것은 이들 두 가지 비즈니스의 차이를 이해하고 더 나아가서 어떤 비즈니스의 성패를 예측하는 데 매우 중요하다.

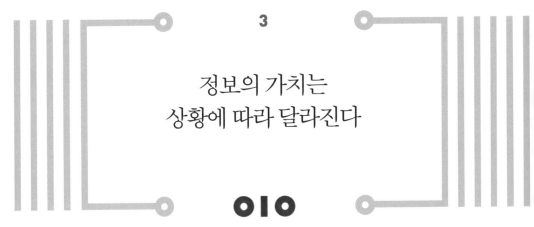

정보의 가치는
상황에 따라 달라진다

"디지털 기술은 디지털화할 수 있는 것만 처리할 수 있다."

당연한 명제이다. 디지털 기술은 디지털로 전환된 것만 처리할 수 있다. 따라서 디지털 기술의 발전은 디지털화 기술, 즉 센서의 기술에 의해서도 영향받을 것임을 예상해볼 수 있다. 우리가 센서 기술이 없어서 혹은 센서가 너무 비싸서 수집할 수 없는 것은 디지털 기술로 처리할 수 없다. 예를 들어서 냄새와 같은 것은 센서 기술이 아직 충분히 발전하지 않아서 정확한 데이터를 얻을 수 없다. 따라서 디지털 기술로 처리할 수 없다.

그렇다면 어떤 분야가 빨리 디지털화될까? 디지털 기술이 능력을 발휘하기 위해서는 필요한 정보가 있어야 한다. 그런데 세상의 모든 부분이 디지털화될 수 있는 것은 아니다. 따라서 현재 디지털화가 완전하게 가능한 분야가 빨리 기술적 완성을 이룰 것임을 예상할 수 있다. 해당 일을 하는 데 필요한 정보를 완벽하게 제공할 수 있으면 디지털 기술이 효과적으로 작동하고 빨리 완성될 것이다.

앞에서 알파고도 바둑 게임의 특성상 게임하는 데 필요한 정보를 완벽하게 제공할 수 있었기 때문에 빨리 완성됐다고 설명했다. 반면 가정에서 가사를 돕는 범용 로봇은 완성하는 데 오랜 시간이 걸릴 것이다. 범용 로봇은 세탁기나 청소기처럼 전문화된 로봇이 아니라 바퀴나 다리로 집안을 돌아다니면서 바닥에 있는 옷을 보고 빨랫감인지 아닌지 판단해서 세탁기에 넣고 먼지가 많은 곳은 청소하거나 청소기에 명령하는 등의 일을 한다. 이런 범용 로봇은 센싱해야 할 정보의 종류가 다양하고 또한 그중에서 일부는 현재 기술로는 정확하게 하기 어렵다. 그러다 보니 완성이 오래 걸릴 것으로 예상된다.

0.1퍼센트의 정보 차이가 가치를 가른다

다음의 두 가지 분야 중 비용이나 효과 등은 고려하지 않고 어떤 분야가 디지털화하기 쉬울지 순수하게 기술적 실현 가능성을 생각해보자.

① 공장에서 물품의 입출고 상황과 위치 등을 디지털화해서 창고 자동화를 하는 것.

② 공장에서 생산라인의 정보를 수집해서 자동화하는 것.

물론 어떤 제품을 어떻게 생산하는 공장이냐에 따라 다를 것이다. 소형 기계나 가전제품 등을 생산하는 일반적인 제조회사를 생각해 보자.

우선 첫 번째에서 재고관리 자동화를 위해 필요한 정보는 어떤 것이 있는가? 어떤 제품과 부품이 창고에 입고됐다거나 출고됐다는 정보가 필요하다. 그리고 각 제품과 부품이 창고의 어떤 구역 몇 번 선반에 적재됐다는 등의 정보가 필요하다. 이들 정보는 바코드나 QR코드 등을 사용해서 상당히 쉽게 디지털화할 수 있다. 물론 완전 자동화를 위해서 물품의 입출고까지 로봇으로 자동화할 때는 문제가 더 복잡해질 것이다. 하지만 로봇이 일하는 데 필요한 선반의 위치와 물품의 위치 등을 현재의 기술로 어렵지 않게 디지털화할 수 있을 것이다.

두 번째에서 제품 제조에 관련된 정보는 어떤 것이 있는가? 제품의 생산을 불량 없이 원활히 제조하기 위해서는 생산라인에서 제품의 제조에 필요한 정보를 디지털화해야 한다. 제조에서는 부품과 제품의 위치, 각도, 이동 속도 등이 주요한 정보가 될 것이다. 그런데 그 정도로는 제조 과정에서 불량률을 어느 수준 이하로 유지하면서 제품을 효율적으로 생산하기가 어렵다. 그 외에도 수많은 정보가 필요하다. 온도, 습도, 먼지, 부품의 정밀한 모양 등에 대한 정보가 필요할 것이다. 이러한 요인들이 제품의 제조 과정에서 불량이나 기계의 오작동 등에 영향을 미칠 것이기 때문이다.

가령 복수의 협력사에서 동일한 부품을 공급받는데 재질이 약간 다르다거나 규격이 미세하게 다를 수 있다. 또는 같은 회사에서 공급받은 부품 중에서도 미세하게 크기나 규격이 다를 수 있다. 이러한 미세한 차이가 검수 과정에서는 문제가 되지 않을 수 있지만 실제 생산라인에 투입되면 불량을 만들기도 한다. 따라서 완벽한 제조 자동화를 위해서는 이러한 차이에 대한 정보가 필요할 수도 있다. 그렇지 않으면 수시로 생산라인을 멈추고 사람이 개입해야 할 수도 있다. 이러한 정보 중 많은 부분이 현재 기술로는 수집이 불가능하거나 너무 큰 비용이 들 수도 있다.

그러다 보니 일반적으로 위의 두 가지 중에서는 첫 번째 사례인 창고의 자동화가 훨씬 더 디지털화되기 쉽다. 경영자로서 회사의 어떤 부분을 디지털화할지에 대한 우선순위를 결정할 때 '이 일을 하는 데 필수적인 중요 정보가 얼마나 완벽하게 디지털화될 수 있는가?' 하는 것을 중요하게 고려해야 한다. 그런데 단순히 디지털 정보의 수집뿐만 아니라 어떤 데이터를 어떻게 활용할지를 결정하는 것도 매우 중요하다. 최근 치열한 경쟁이 벌어지는 자율주행차 분야를 보면 데이터의 중요성을 엿볼 수 있다.

자율주행차를 보면 라이다Lidar를 사용하느냐 하지 않느냐로 나뉘어서 기술 경쟁을 하는 것 같다. 라이다는 레이저를 사용해서 자동차를 중심으로 360도 사방에 있는 물체의 모양을 3D로 센싱하는 기술이다. 구글, GM, 현대 등이 사용하고 테슬라는 사용하지 않는다. 구글의 자율주행차 전문 자회사인 웨이모는 라이다에 기반한 기술로

라이다로 인식한 도로 주변 이미지

(출처: Velodyne Lidar. http://velodynelidar.com)

자율주행 택시를 이미 오래전부터 운행하고 있다. 라이다는 자동차 주변에 대한 정교한 3D 정보를 얻을 수 있지만 가격이 비싸다. 테슬라의 CEO인 일론 머스크Elon Musk는 "라이다의 가격이 0이 돼도 사용하지 않을 것이다."라는 말을 할 정도로 부정적인 의견을 가지고 있다. 결국 어떤 종류의 데이터를 수집해서 우리가 원하는 결과를 얻을 것인가에 대한 경쟁이라고 할 수 있다.

라이다가 필요한가를 판단하는 가장 중요한 기준은 데이터다. 라이더의 가치는 수집 데이터가 얼마나 필요한지에 따라 달라진다. 라이다의 가장 큰 장점은 사물을 입체적으로 3D로 인식할 수 있다는 것이다. 물론 카메라도 2대 이상 사용하면 3D로 인식할 수가 있다. 테슬라도 카메라로 주변을 3D로 인식하는 의사 라이다pseudo-Liar를 사용한다고 알려져 있다.[8]

테슬라는 고객이 자동차를 운행하는 동안에 수집된 정보로 인공

테슬라의 자율주행 시스템이 카메라로 인식한 도로 주변

(출처: The Driven, http://thedriven.io)

지능을 더 정교하게 학습시켜 자율주행 기술을 발전시키는 전략을 취하고 있다. 테슬라는 자사의 자동차를 운행하는 고객들이 운행 중에 오토 파일럿(주행 보조 기능, 자율주행 기능인 FSD와는 다른 것임을 유의)을 사용하면서 수집된 정보를 쌓아놓고 있다. 2020년까지 약 50억 마일의 운행 데이터를 수집해서 웨이모보다 2,550배 더 많다고 한다.[9] 이 엄청난 양의 데이터는 테슬라의 카메라에 기반한 인공지능 시스템을 학습시키는 데 사용된다. 테슬라 자동차가 카메라만으로도 주변의 사물을 정확하게 인식할 수 있게 할 것으로 기대된다.

그런데 자율주행차는 다른 인공지능과 큰 차이점이 있다. 아주 작은 오차율도 허용할 수 없다는 것이다. 웬만한 인공지능은 어느 정도 오차율을 허용한다. 특히 인공지능의 추천시스템은 오차율이 엄청 큰데도 실용화돼 활발하게 사용되고 있다. 아마존은 세계 최고 수준의 추천시스템 기술을 가진 것으로 평가받지만 오차율(추천한 제품이나 아이템이 고객에게 잘 맞지 않는 비율)이 상당히 높다. 평가 방법에 따라 다르지만 대략 30퍼센트 정도로 평가된다. 이렇게 추천시스템은 오차율이 높지만 그에 따른 피해가 크지 않다. 추천이 잘못된다고 해서 사람이 다치거나 하지는 않는다. 그러나 자율주행차는 약간의 오차도 허용할 수 없다. 자율주행차는 현재의 기술 수준으로도 사람이 운전하는 것보다는 훨씬 안전하다. 하지만 자율주행차가 일으킨 사고는 아무리 빈도가 낮더라도 중요하다. 사람들이 자율주행 기술을 받아들이는 데 큰 영향을 미칠 것이다.

인공지능에서 카메라를 통해 수집되는 영상 정보 분석 기술은 계속 발전할 것이다. 그에 따라 라이다의 장점인 정확한 정보는 평소에는 큰 차이가 없을 것이다. 그러나 라이다를 장착함으로써 확률이 낮더라도 결정적인 순간에 사고를 피할 수 있다면 그 가치는 충분하다고 생각된다. 현재는 인공지능이 완전히 운전을 대신하는 레벨 4 자율주행이 상용화가 되지 않았다. 따라서 이러한 결정적인 순간에 맞닥뜨릴 일이 별로 없다. 하지만 만일 레벨 4가 상용화돼 점점 더 많은 사람이 완전 자율주행을 하게 되면 라이다의 가치가 다시 부상할 가능성이 있다.

예를 들어 카메라만 사용하면 사고율이 0.01퍼센트인 데 비해 라이다를 같이 사용하면 사고율이 0.001퍼센트라고 하면 큰 차이가 아니라고 생각할 수도 있다. 그렇지만 우리나라 자동차가 1,000만 대라면 그 차이는 1년에 사고 1,000건 대 100건이다. 만일 사고 중 10퍼센트가 사망사고라면 사망자 100명과 10명의 차이다. 물론 현재 우리나라 교통사고 사망자가 1년에 약 3,500명임을 생각하면 100명도 엄청나게 감소한 것이다. 하지만 1년에 90명의 목숨을 살릴 수 있다면 라이다 가격이 크게 비싸다고 생각되지는 않는다.

이런 기준은 다른 비즈니스에서도 마찬가지라고 할 수 있다. 정보는 당연히 많을수록 좋지만 수집 비용도 고려하지 않을 수 없다. 즉 정보의 가치에서도 비용 대비 효과인 가성비가 중요하다. 그런데 여기서 성능의 의미는 상황에 따라 달라진다. 고객 맞춤 서비스나 수요예측은 정확도에서 0.1퍼센트의 차이는 별것이 아니다. 굳이 추가 비용을 지급할 필요가 없을 것이다. 그렇지만 안전과 같이 사람의 생명이 좌우되면 0.1퍼센트의 차이에도 큰 비용을 사용하는 것이 가성비가 큰 것일 수 있다.

인간만이 할 수 있는 부분도 많다

디지털 기술이 큰 역할을 하지 못할 때도 있다. 대표적인 예가 리더십, 상담, 멘토링 등이다. 디지털 기술이 리더십을 대체하거나 사람들 마음의 병을 더 잘 치료해줄 수 있을까? 물론 도움을 줄 수는 있다. 디지털 기술을 활용해 환경 변화를 더 잘 알고 데이터 분석으로 여러 대안 중에서 더 나은 것을 선택하도록 할 수는 있다. 인공지능 기술이 발전하면서 피상담자가 하는 얘기를 완벽하게 인식하고 빅데이터 분석을 통해서 심리 상태나 문제의 원인을 정확히 분석할 수

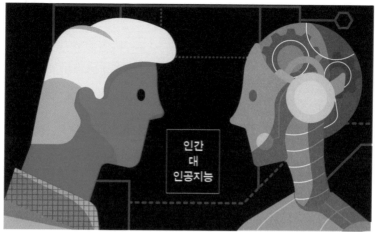

기본적으로 인공지능은 사람이 아니다. 사람의 감정이나 희로애락을 데이터로 분석할 수 있을지는 모르지만 직접 느낄 수는 없다.

도 있다.

그러나 인공지능이 리더십을 발휘해서 조직을 이끌고 나가거나 피상담자에게 따뜻한 말을 통해서 상처받은 마음을 위로해줄 수 있을까? 그렇지는 않을 것이다. 리더십이나 상담이라는 것은 결국 사람들 간의 공감이 필요하다. 사람들은 리더가 자신들의 생각에 공감해준다고 느낄 때 대체로 따른다. 피상담자는 상담자가 진정으로 자신의 아픔을 이해하고 공감해준다고 느낄 때 마음의 위로를 받는다.

공감은 사람만이 할 수 있는 행동이다. 물론 영화에 나오는 인공지능 혹은 로봇은 사람과 너무나 비슷하고 감정도 완벽하게 이해한다. 사람들도 그들에게 감정을 느끼고 공감하는 장면이 종종 나온다. 사람들은 정교하지 않은 인형이나 기계 같은 대상도 사람처럼 생각하고 의인화하는 경향이 있다. 또 함께 사는 반려동물과도 정서적 감정적 공유를 한다. 하지만 현재의 인공지능이나 디지털 기술로는 영화에 나오는 것처럼 완벽하게 사람의 감정을 이해하는 것은 불가능하다.

기본적으로 인공지능은 사람이 아니다. 사람의 감정이나 희로애락을 데이터로 분석할 수 있을지는 모르지만 직접 느낄 수는 없다. 하지만 사람의 목소리, 표정, 체온, 심박수 등에 대한 분석 기술이 발전하면 감정을 정교하게 분석할 수 있게 될 것이다. 그러나 이러한 분석은 데이터로서의 분석이다. 인공지능이 사람들의 감정에 공감하고 그럼으로써 사람들을 움직일 수 있다는 것은 아니다. 설혹 인공지능이 사람들과 감정에 관해 커뮤니케이션하면서 공감과 위로를 주더라도 진정으로 그러한 감정을 느끼는 것은 아니다. 아무리 감정적 공감을 하는 반려동물이 있어도 리더십을 발휘할 수 없다. 마찬가지로 인공지능이 사람의 감정을 감지할 수 있게 된다 해도 리더십을 발휘하거나 멘토링을 할 수는 없을 것이다.

우리의 생활에는 데이터 분석을 통해 혁신을 이룰 수 있는 부분도 많지만 감정, 인간관계, 리더십과 같이 기술이 개입하기 어려운 부분도 많다. 이런 영역에서는 디지털 기술이 아무리 발전한다 해도 도움을 줄 뿐이다. 결국 근본적인 것은 사람이 직접 해야 할 것이다. 어쩌면 현재 디지털 기술의 눈부신 발전에 주의를 빼앗겨서 기술이 하지 못하는 부분도 많다는 것을 잊고 있지는 않은지 생각해봐야 한다. 디지털 기술은 사람의 감정, 공감, 관계, 신념 등이 중요한 역할을 하는 영역에서는 직접적인 변화나 혁신을 가져오기 어렵다. 즉 디지털 기술이 큰 역할을 할 수 없는 부분도 많다는 것을 이해할 필요가 있다.

디지털 기술이 큰 역할을 하기 어려운 또 다른 분야는 '창의성'이다. 보통 창의성이라고 하면 새로운 것을 만들어내는 것으로 생각하기 쉽다. 하지만 엄밀히 얘기하면 창의성은 관계가 없다고 생각되는 것들을 연결해서 가치를 만들어내는 것을 말한다. 태양 아래 새로운 것은 없다는 말이 있듯이 완전히 새로운 것을 만들어내는 것은 아주 어렵다. 그것이 창의성은 아니다. 보통은 관계가 없다고 생각되던 두 개 혹은 그 이상의 것 중에서 가치 있는 관계를 찾아내고 연결 짓는 능력이 창의성이다. 예를 들어서 최근에 인기를 얻고 있는 넷플릭스 드라마 「오징어 게임」이 재미있는 이유 중의 하나는 생존 게임에서 생사를 가르는 기준으로써 어린이들이 하는 단순한 놀이를 사용하는 점이다. 일반적으로 단순한 어린이들의 게임과 생사가 달린 생존 게임의 관련성을 생각하기는 쉽지 않다. 「오징어 게임」에서는 이 둘을 연결함으로써 생존 게임의 심각하고 어두운 분위기와 밝고 천진난만한 어린이들의 게임이 대조되면서 더 큰 재미를 주고 있다. 이런 것이 창의성이다.

　이런 창의성에서는 사람이 인공지능과 같은 디지털 기술보다 뛰어나다. 여기에 대한 반론도 분명히 있다. 최근에 인공지능이 발전하면서 음악을 작곡하거나 소설을 쓸 수 있게 됐다. 이런 것도 분명히 새로운 작품을 만들어내는 활동이라고 할 수 있다. 그러나 인공지능이 작곡이나 소설을 쓰는 과정을 살펴보면 기존의 작품을 수없이 분석하면서 패턴을 찾아 구성요소인 멜로디, 화성, 스토리의 조합을 바꾸는 것이 보통이다.

그러나 이러한 인공지능은 자기가 학습했던 기존의 작품에 없는 새로운 음과 스토리의 조합을 만들어내기 어렵다. 경험해보지 않은 것들의 관련성을 알아내기 쉽지 않기 때문이다. 사람은 이런 일에서 인공지능보다 훨씬 뛰어나다. 이에 대한 반론으로 인공지능이 모든 가능한 음과 스토리라인의 조합을 만들어낸다는 주장을 할 수 있다. 그런데 모든 가능한 조합의 경우의 수는 너무나도 많다. 이때 중요한 것은 이러한 조합 중 어떤 것이 가치가 있는지를 파악하는 능력이다. 이 능력은 사람이 훨씬 뛰어나다. 즉 인공지능은 아주 새로운 조합이나 연결을 만들 수는 있을지 몰라도 그중에서 가치를 갖는 조합이나 연결을 구분하는 능력이 매우 부족하다. 이런 일은 정보가 많고 분석 능력이 뛰어나다고 반드시 더 잘하는 것은 아니다. 사람이 인공지능보다 훨씬 더 창의적인 결과를 만들어낼 능력이 있다.

앞으로 모든 조직의 리더는 조직을 이끌기 위해 디지털에 대한 정확한 이해와 통찰을 갖추어야 한다. 최근의 혁신이 대부분 디지털 기술의 발전에 따른 것임을 생각하면 디지털에 대한 이해는 미래 경영자의 필수 조건이라고 할 수 있다. 디지털의 특성과 그에 따른 영향에 대해서 간단히 정리하면 다음과 같다.

첫째, 디지털 기술은 정보라는 가상의 재화를 디지털화해서 다룬다. 우리가 현실에서 익숙하게 접하는 물리적 기술과는 많은 차이가 있다. 가장 대표적인 차이점은 기술의 발전 속도가 다르다는 것, 품질의 손실 없이 무한히 복제할 수 있다는 것, 그에 따라 정보를 추가로 사용하는 데 따르는 변동비가 거의 0이라는 것이다.

둘째, 이러한 디지털의 특성으로 인해서 '승자독식' 결과를 가져오는 네트워크 효과가 강하게 작동할 가능성이 크다. 만일 네트워크 효과가 강하면 '원가 우위'나 '차별화' 같은 전통적인 전략이 효과적으로 작동하지 않는다. 이에 따라 플랫폼이나 구독경제와 같은 혁신적인 새로운 비즈니스 모델이 가능해졌다.

셋째, 디지털 기술이 새로운 혁신을 가져오는 것은 맞다. 하지만 디지털이 만능은 아니라는 점을 반드시 기억할 필요가 있다. 디지털 기술은 오직 정보를 처리하는 것일 뿐이다. 물리적인 운동이나 물리적인 일을 할 수는 없다. 디지털 기술의 가능성을 잘 이해하는 것만큼 그 한계 또한 정확히 알 필요가 있다.

2장

디지털 가치와 비즈니스
패러다임의 전환

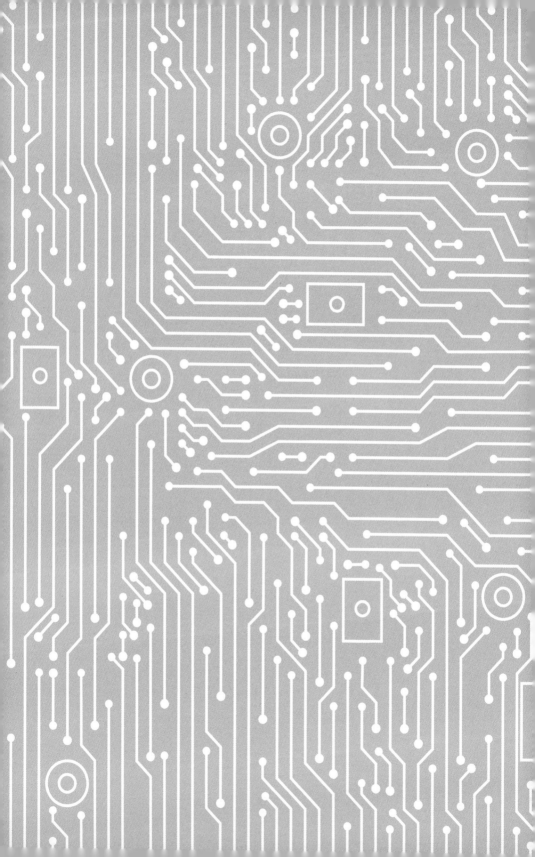

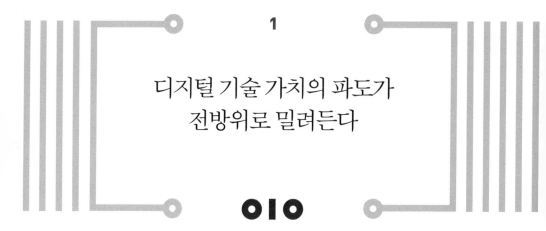

디지털 기술 가치의 파도가 전방위로 밀려든다

디지털 기술은 비즈니스에 다양한 방식으로 사용될 수 있다. 디지털 기술이 도입되면 곧바로 비용의 절감, 효율성, 정확성의 향상 등을 누릴 수 있다. 또한 경쟁자가 따라오기 힘든 전략적 우위를 확보하기도 한다. 더 나아가 디지털 기술 자체를 제품이나 서비스로 판매하기도 하는 등 다양한 효과를 누릴 수 있다. 처음에 기대하지 않았던 다양한 가치를 제공해준다는 것이다.

유통 회사에서 디지털화하는 경우를 생각해보자. 처음에는 고객의 주문을 정확히 기록하고 처리하기 위해서 주문처리 시스템을 도입하는 것이 보통이다. 주문처리 시스템을 도입해서 사용하기 시작하면 고객의 주문 데이터가 쌓이게 되고 어느 정도의 기간이 지나면 상당히 많아진다. 그러면 자연스럽게 데이터 분석을 시도하게 되고 데이터 분석 역량이 충분하다면 고객의 성향을 더 잘 알 수 있게 된다. 요일이나 특정 기간에 고객의 주문이 변하는 패턴도 더 정확히 알게 된다.

이와 같이 디지털 기술을 도입해서 사용하면 데이터가 쌓이게 되고 새로운 가치를 만들어낼 수 있게 된다. 또한 축적된 데이터를 다른 데이터와 결합하면 새로운 가치를 만들어낼 수 있다. 디지털 기술의 도입에 따른 가치는 여러 차례에 걸쳐서 시차를 두고 마치 파도가 밀려오듯이 나타난다. 비용 절감과 같이 직접적으로 제일 먼저 나타나는 제1파로부터 제2파, 제3파, 심지어는 제4파, 제5파까지 나타나기도 한다. 이러한 디지털 기술 가치의 파도waves of digital value는 분야와 사용하는 사람이나 기업이 어떻게 하느냐에 따라서 상당히 다른 양상으로 나타난다. 또한 순서도 차례대로 오는 것이 아니다. 경우에 따라서는 중간의 파도가 하나 생략되기도 하고 두세 개가 같이 오기도 한다.

이미 디지털의 파도는 전방위로 밀려든다. 조금씩 적시는 게 아니라 세상을 뒤덮을 만큼 몰아친다. 그래서 이제는 웬만한 분야마다 디지털로 전환 중이다. 디지털 트랜스포메이션의 시대가 온 것이다. 사람마다 디지털 트랜스포메이션에 대한 설명이 조금씩 다르다. 그러나 공통적인 것은 정보기술과 다른 기술의 결합에 따른 변화와 혁신이라는 것이다. 인공지능이라는 IT와 자동차라는 기계 기술이 결합돼 탄생한 자율주행 자동차가 자동차 산업과 교통 분야에 엄청난 변화를 가져올 것으로 예상되는 것이 한 예이다.

디지털 트랜스포메이션과 4차 산업혁명은 비슷하면서도 약간 다른 개념이다. 4차 산업혁명은 IT가 사회와 산업에서 어떤 영향을 가져올지에 초점을 맞춘 것이다. 반면 디지털 트랜스포메이션은 개별 기업이나 산업이 IT의 발전에 따라서 어떻게 변화해나갈지에 초점을 맞춘 것이다. 즉 디지털 트랜스포메이션은 개별 기업의 입장에서 혁신을 주도하는 IT를 적절히 수용하고 비즈니스에 효과적으로 활용하는 데 필요한 조직 변화, 비즈니스 프로세스 개선, 제품과 서비스 개발, 전략 수립 등을 하는 것을 말한다.

기업은 IT가 발전함에 따라 더욱 많은 영향을 받게 될 것이다. 비즈니스의 측면에서 보면 디지털 트랜스포메이션은 경쟁의 양상이 바뀌는 것을 의미한다. IT 기술이 수많은 비즈니스 분야에 더 깊게 적용되면서 다양한 변화를 가져올 것으로 예상되기 때문이다.

디지털 기술 가치 파도의 특징을 이해해야 한다

디지털이 만들어낼 수 있는 다양한 가치의 파도를 이해하는 것은 지금 도입하고자 하는 디지털 기술이 어떤 잠재력이 있는지 이해하고 비즈니스 기회를 포착하는 데 도움이 된다. 또한 이러한 가치를 극대화하기 위한 준비를 미리 하는 데 도움을 줄 수 있을 것이다.

먼저 디지털 파도의 제1파에 대해서 알아보자. 제1파는 비용의 절감과 효율성 및 정확성의 향상이다. 디지털 기술을 사용하는 일차적

디지털 가치의 파도

비용 절감·
효율성 향상

디지털의 제품화
·서비스화

현황의 분석
패턴의 이해

전략적
경쟁 무기

인 목적은 비용 절감 혹은 효율성과 정확성이라는 점이다. 온라인 쇼핑몰을 생각해보자. 온라인 쇼핑몰은 보기에 따라서는 과거에 전화나 팩스 등으로 주문받아서 배송하던 통신 판매 회사가 인터넷을 통해서 디지털로 바꾼 것이라 할 수 있다.[10] 쇼핑에서 주문을 디지털화하면 가장 먼저 얻게 되는 직접적인 효과는 당연히 효율성과 비용 절감이다. 주문을 전화로 받아서 입력하거나 카탈로그를 업데이트하고 인쇄해서 발송하는 일이 없어질 뿐더러 오류도 적어진다. 그에 따라 인건비도 절감되고 일도 훨씬 더 빨리 할 수 있게 되면서 효율성과 비용 절감 향상이 나타나게 된다.

월마트는 '매일 저렴한 가격EDLP, Every Day Low Price'이라는 슬로건으로 잘 알려진 세계 1위의 유통 기업이다. 2021년 기준으로 연 매출액이 5,592억 달러(약 600조 원)에 이르고 순이익이 139억 달러(약 15조 원)에 이르는 말 그대로 유통 업계의 공룡이다. 그런데 월마트의 규모에 비해서 잘 알려지지 않은 사실이 있다. 매우 검소한 기업이라는 점이다. 회사의 방침이 마치 마른 수건을 짜듯이 최대한 모든 비

월마트는 '매일 저렴한 가격'이라는 슬로건으로 잘 알려진 세계 1위의 유통 기업이다.

용을 아끼는 것이다. 실제로 월마트의 본사나 사무실을 가보면 인테리어나 사무집기 등이 아주 검소하고 직원들이 비용을 아끼는 것이 몸에 밴 것을 느낄 수 있다. 이런 비용 절감이 월마트의 경쟁력이라고 할 수 있다.

월마트의 슬로건에서 알 수 있듯 경쟁자보다도 가격이 싸다는 점을 강조한다. 실제로 같은 제품이라도 경쟁사보다 더 싸게 팔 때가 많다. 즉 '원가 우위' 전략을 사용하는 것이다. 월마트가 원가 우위 전략을 수십 년간 지속할 수 있었던 것은 비용을 철저히 절감했기 때문이다. 그런데 월마트가 아낌없이 돈을 쓰는 분야가 하나 있다. 그것은 바로 IT이다. 여기서 오해하면 안 되는 것이 있다. 월마트가 모든 IT에 투자하는 것은 아니라는 것이다. 언론 등에 홍보를 목적으로 첨

최근의 코로나19 팬데믹으로 월마트도 온라인 주문이 늘어나서 정보처리 요구가 폭주했다.

단 기술 도입 등을 하는 것이 아니라 철저하게 자신들의 전략에 들어맞는 IT에만 투자한다.

월마트는 2005년부터 주요 공급업체에 전자태그RFID, Radio Frequency Identification[11]를 의무화했다. 월마트에 납품하려면 제품에 전자태그를 반드시 부착해야 한다. 물론 처음에는 비용 문제로 팔레트나 박스 단위에 부착하다가 점차 개별 제품에도 부착하도록 했다. 월마트에서도 전자태크를 사용하려면 기존 모든 창고의 도크에 전자태크 리더기를 설치하고 데이터를 처리하는 별도의 컴퓨터를 도입하는 등 비용이 크게 들 수밖에 없다. 그런데도 월마트가 이를 의무화한 이유는 무엇일까? 그것은 바로 전자태그를 도입함으로써 장기적으로 더 큰 비용을 절감할 수 있다고 판단했기 때문이다.

기존의 창고에서는 제품의 입출고 정보를 모두 사람이 수작업으로 바코드를 읽어서 처리했다. 그 과정에 인건비가 들어가는 것은 물론

월마트에 납품하려면 제품에 전자태그를 반드시 부착해야 한다.

이고 오류도 자주 생겼다. 그리고 수작업으로 읽어야 하므로 제품 단위로 바코드를 읽어서 처리하기 거의 불가능하다. 이에 비해서 전자태그를 부착하기만 하면 팔레트나 박스는 물론 제품 단위로도 입출고가 실시간으로 처리된다. 전자태크 도입에 따른 비용을 상쇄하고도 비용 절감이 가능하다는 판단을 한 것이다.

최근의 코로나19 팬데믹으로 월마트도 온라인 주문이 늘어나서 정보처리 요구가 폭주했다. 월마트는 미리 클라우드 컴퓨팅[12]을 도입하는 등 정보처리 능력 향상에 노력을 기울였다. 그랬기에 고객의 온라인 주문정보를 빠르고 완벽하게 처리할 수 있었다. 고객은 온라인으로 주문하고 가까운 월마트 매장에서 배송받거나 주문을 픽업하는 것이 가능했다.[13] 만일 클라우드 컴퓨팅과 고객 주문정보 처리 시스템에 투자하지 않았다면 늘어난 온라인 정보를 처리하고 창고에서 조달하는 데 많은 직원이 동원됐을 것이다.

월마트가 디지털 기술에 투자하는 주목적은 가치의 파도 중 제1파 '비용 절감과 효율성 향상'이라는 것을 알 수 있다. 월마트 사례를 통해 첨단의 디지털 기술에 투자하는 것이 항상 최선은 아니라는 점을 알 수 있다. 해당 기업의 주요 전략이 무엇이냐에 따라 우선 도입 기술이 달라질 수 있다는 것이다. 우리가 보통 디지털 기술의 투자에 당연히 따라오는 것으로 생각하는 비용 절감도 경쟁력의 원천이 원가인 기업에는 가장 중요한 기준이 될 수도 있다.

이와 같은 가치의 파도가 반드시 거대한 시스템이나 기업에만 해당하는 것은 아니다. 코로나 방역을 위해서 식당과 같은 영업장에 출입자 명부를 작성할 때 처음에는 종이에 직접 손으로 기록하다가 스마트폰 애플리케이션으로 디지털화된 것을 기억할 것이다. 이렇게 디지털화하는 것은 손으로 하는 것보다 훨씬 빠르고 정확하다. 출입자 명부에 손으로 적을 때는 프라이버시를 우려해서 이름이나 전화번호를 일부러 다르게 적거나 흘려 써서 알아보기 힘들 때도 있지만 스마트폰을 이용한 디지털 정보는 그런 문제가 거의 없다. 어떤 고객이 언제 출입했는지를 정확히 알 수 있다. 또한 필요하면 시간대별 방문 고객 수의 변화도 바로 알 수 있다.

그다음으로는 비용 절감이 장점이다. 스마트폰으로 출입자를 확인하면 손으로 작성하는 것보다 고객의 시간과 노력이 줄어들 뿐 아니라 관리하는 점포의 입장에서도 수기 작성을 위한 노트나 펜 등의 재료비와 이를 관리하고 입력하기 위한 직원의 시간과 노력 등의 비

온라인 쇼핑몰은 새로운 기술이 계속 개발되면서 고도화되고 있다.

용이 크게 줄어든다. 개인이나 기업 혹은 다른 기관에서 사용하는 디지털 기술의 첫 번째 목적은 효율화와 비용 절감이다. 출입자 명부 관리와 같은 아주 간단하고 작은 일에서도 그 효과가 크다. 복잡한 일을 처리하는 디지털 기술은 비용 절감과 효율성 향상의 정도도 매우 클 것임을 짐작할 수 있다. 디지털 기술을 도입하면 비용 절감, 효율성 향상, 오류 감소 등의 직접적인 효과를 얻게 된다. 이것을 디지털 기술이 만들어내는 가치 중 제1파라고 부를 수 있다.

디지털 기술의 제2파는 '디지털 기술의 제품화와 서비스화'이다. 온라인 쇼핑몰이 고객의 주문을 받아서 처리하는 기술이 고도화됐다. 그러면서 이 기술 자체를 별도의 서비스나 제품으로 판매할 수 있게 됐다. 처음에는 온라인 쇼핑몰이 주문을 받고 배송하는 방식이 아주 단순했다. 점차 온라인 쇼핑몰과 고객이 온라인 쇼핑에 익숙해지고 여러 가지 아이디어가 결합하면서 새로운 기술이 계속해서 개발됐다. 지금은 당연한 것으로 생각되는 쇼핑 카트나 제품 사진을 확대해서 볼 수 있는 확대경 기능 등이 개발됐다.

화면에서 제품 사진이 더 현실에 가까운 색깔로 보이도록 하고 구매 의욕을 자극하도록 사진을 찍고 보정하는 기술 등도 발전하게 됐다. 또한 인기 있는 온라인 쇼핑몰에는 방문객이 많아서 점포로 입점하기만 해도 큰 매출을 올릴 수 있게 됐다. 이런 상황이 되자 많은 회사가 대형 온라인 쇼핑몰의 기술(쇼핑몰 구성과 주문처리 기술)과 마케팅 능력을 돈을 주고라도 사용하게 됐다. 실제로 현재 11번가나 G마켓 등의 쇼핑몰처럼 일반화된 오픈마켓은 결국 판매자가 직접 사이트를 구축하는 대신에 쇼핑몰 사이트에 수수료를 내는 형태라고 할 수 있다. 오픈마켓 회사가 개발한 전자상거래 솔루션 사용료를 제품 판매 수수료의 형태로 내는 것으로 봐도 무방할 것이다.

현재 아마존의 가장 큰 수익원인 아마존 웹 서비스AWS는 고객에게 제공하는 클라우드 컴퓨팅 서비스이다. 아마존 웹 서비스는 처음부터 외부에 서비스로 제공할 목적으로 개발한 것은 아니었다. 2000년대 초반의 아마존은 급격히 늘어나는 고객의 주문을 문제없이 처리할 온라인 시스템을 구축하기 위해 고군분투하고 있었다. 이를 위해서 아마존은 시스템 개발을 효율적으로 만들고자 했다. 그러한 노력 중 하나가 내부의 개발자들이 소프트웨어를 모듈 형태로 작게 쪼개 몇 번이고 재사용할 수 있게 하는 것이었다. 새로운 제품군을 취급하기 위한 사이트를 만들 때 제품 등록, 쇼핑 카트, 결제 등의

뉴욕지하철에 걸린 아마존 웹 서비스 광고판

2019년 하노버 메세에서 아마존 웹 서비스 부스. 아마존의 가장 큰 수익원인 아마존 웹 서비스는 고객에게 제공하는 클라우드 컴퓨팅 서비스이다.

기능을 처음부터 개발하는 것보다는 기존의 제품군에서 사용하는 모듈을 가져다 약간만 수정하면 쉽고 빠르게 개발이 가능한 것이다.

아마존은 내부에서 사용할 모듈의 종류가 많아짐에 따라 이것을 판매하는 것이 새로운 비즈니스가 될 수도 있겠다고 생각하게 됐다. 이 아이디어가 2004년에 실현돼서 아마존 웹 서비스가 시작됐다. 사용자들은 온라인에서 자신들이 필요한 서비스를 골라서 사용하고 사용한 만큼만 돈을 내면 됐다. A 회사가 자신들의 온라인 쇼핑몰을 만들려고 한다고 하자. 원래대로라면 자신들의 서버를 구입하고 그 위에 쇼핑몰을 소프트웨어로 구현하고 데이터 등을 관리해야 한다. 사이트 관리를 위한 전문 인력을 고용해야 하고 서버가 다운되면 긴급히 수리해야 하며 사이트가 커지면 서버 용량을 구매하는 등 큰 비용이 들어갈 것이다.

A 회사는 그렇게 하는 대신 아마존 웹 서비스에서 사용 가능한 온라인 쇼핑몰 기능을 골라서 조립해 자신의 온라인 쇼핑몰을 만들 수 있다. 전체 사이트를 아마존 웹 서비스로 사용하는 대신에 필요한 데이터를 저장하는 공간만 사용할 수도 있다. 그렇게 되면 필요한 IT 인력을 크게 줄일 수 있고 사이트 관리 비용도 낮출 수 있다. 그뿐 아니라 아마존의 전문 인력이 관리하기 때문에 사이트 장애도 줄어들게 된다.

현재 전 세계 클라우드 컴퓨팅 시장은 그 규모가 2020년 기준 3,714억 달러(한화 약 400조 원)이고 2025년에는 약 8,321억 달러(한화 약 900조 원)에 이를 것으로 예상되고 있다.[14] 이 시장에서 아마존

전 세계 클라우드 컴퓨팅 시장에서 아마존 웹 서비스의 시장 점유율은 약 44%에 이른다.

웹 서비스의 시장 점유율은 약 44퍼센트에 이른다. 아마존의 아마존 웹 서비스는 자신들의 데이터 처리를 위해서 개발한 클라우드 시스템을 비즈니스화한 것으로 가치의 파도 중 제2파인 '디지털의 제품화와 서비스화'에 해당한다고 할 수 있다.

디지털 기술의 제3파는 '현황의 분석과 패턴의 이해'다. 디지털 기술을 도입하면 비용 절감이나 정확성의 향상에 이어 디지털 기술로 확보된 데이터를 분석함으로써 다양한 가치를 만들어낼 수 있다. 앞에서 설명한 아마존의 추천시스템이 그 대표적인 예이다. 아마존 추천시스템의 기본 원리는 제품 취향이 비슷한 고객들의 집단을 찾아서 공통으로 선호하거나 구매한 제품을 그 집단에서 아직 구매하지 않은 사람들에게 추천하는 것이다. 데이터가 많을수록 제품 취향이 비슷한 사람들을 더 정확히 찾아낼 수 있어서 정확도가 높아진다. 즉

아마존 추천시스템의 기본 원리는 제품 취향이 비슷한 고객들의 집단을 찾아서 공통으로 선호하거나 구매한 제품을 그 집단에서 아직 구매하지 않은 사람들에게 추천하는 것이다.

데이터가 늘어남에 따라 고객에게 제공하는 서비스의 질이 올라가는 것이다.

아마존은 온라인 쇼핑에서 선도기업이기 때문에 경쟁사 누구보다도 더 많은 데이터를 확보하고 있다. 그만큼 더 정확한 추천을 제공할 수 있다. 이것이 경쟁력의 하나가 됐다. 고객의 구매 데이터가 충분히 많아지면 분석해서 고객의 제품 구매 주기나 패턴 등도 알아낼 수 있다. 그러면 시장과 고객을 더 잘 이해하는 데 많은 도움을 줄 수 있다. 디지털 기술을 도입하고 나면 수집된 정보를 분석해서 다양한 가치를 얻을 수 있다. 이것을 디지털 기술이 만들어내는 가치 중 제3파라고 부를 수 있다.

존 디어John Deere는 트랙터와 같은 농업용 기계를 생산하고 판매하는 세계 1위 농기계 회사이다. 이 회사도 2014년 즈음에 경기 침체로 구조조정을 하는 등의 큰 어려움을 겪었다. 이러한 어려움을 타개하기 위한 노력으로 디지털 기술을 사용해서 자신들의 제품과 서비스를 재정의했다. 존 디어가 사용한 디지털 기술은 다양하다. 첫째,

디어 앤 컴퍼니(존 디어)의 첨단 농업기술

트랙터와 같은 농기계에 위성 위치 확인 시스템GPS과 다양한 센서를
부착해서 농기계의 위치와 상태를 원격으로 알 수 있게 됐다. 둘째,
토양 분석을 통해서 농사가 이루어지는 현장의 특성을 정확히 파악
하는 게 가능해졌다. 셋째, 현재의 습도, 기온, 일조, 바람 등의 날씨
데이터를 실시간으로 수집해서 농토의 현재 상태를 분석한다. 여기
에 더해서 위성사진과 드론 촬영을 통해서 해당 지역의 전체적인 농
사 현황을 한눈에 볼 수 있다.

이와 같은 다양한 데이터를 수집함에 따라 현황 분석이 가능해졌
고 이를 바탕으로 다양한 가치를 고객인 농부에게 제공할 수 있었다.
날씨와 토양에 따라 스프링클러로 물을 뿌리는 시기와 양을 농부에
게 알려주면 그에 따라 정밀하게 조정할 수 있게 됐다. 비료도 토양
의 특성과 작물에 따라 종류와 뿌리는 양과 시기를 정확히 정할 수
있게 됐다(실제는 농가의 시스템과 존 디어의 시스템이 연결되어 자동으로 조작
된다). 과거에 주먹구구식으로 하던 것에 비해 물과 비료를 더 정교하

게 살포함으로써 수확량을 늘릴 수 있을 뿐 아니라 비용도 절감할 수 있게 된 것이다. 농부에게 존 디어의 시스템은 엄청 유용했다. 더욱이 존 디어의 농기계에 조정장치를 설치하면 농기계를 원격으로 무인 조정하는 것도 가능했다. 이렇게 되면 농부는 밖에 나갈 필요가 없이 집안에서 트랙터를 조작해서 농사를 지을 수 있다. 존 디어가 제공하는 인공지능 컴퓨터를 사용하면 농기계의 조작도 자동으로 이루어질 수 있다.

위성사진과 드론 사진을 분석하면 작물별 작황 상태를 알 수 있으므로 어떤 작물을 경작하는 것이 유리한지에 대한 정보도 알려줄 수 있게 된다. 예를 들어 서부의 농부에게 중부의 옥수수 작황이 좋지 않다는 것을 알려주어 다른 작물 대신에 옥수수를 심어서 더 높은 수확을 올릴 수 있게 할 수도 있다. 이러한 다양한 서비스로 인해서 존 디어의 고객들은 높은 가격을 주고도 제품을 구매하게 한다. 존 디어의 서비스는 정보의 분석을 통해서 만들어진 것이라고 할 수 있다. 과거에 이 회사의 주요 가치창출 원천이 물리적인 제품이었는데 새로운 서비스는 대부분 데이터의 분석을 통해서 제공된다는 점에서 가치의 파도 중 제3파인 '현황의 이해와 패턴의 분석'이라고 할 수 있다.

이것은 고객 출입 명부를 스마트폰으로 디지털화할 때도 적용된다. 고객의 정보를 얻으면 다양한 분석에 활용할 수 있다. 식당이라면 시간대별 고객의 출입 패턴은 물론이고 고객의 개인정보까지 결합한다면(고객의 동의를 받고 개인정보보호법이 허용하는 한도 내에서) 시간대별 방문 고객의 특징도 분석할 수 있다. 점심에 오는 고객과 저녁에 오는 고객은 어떻게 다르고 또 계절별로 오는 고객은 어떻게 다른지 등을 분석하는 게 가능하다. 이러한 분석을 통해 식당의 배치나 인테리어 등을 고객이 선호할 만한 스타일로 바꿀 수도 있다.

　마지막으로 디지털 기술의 제4파는 '전략적 경쟁 무기'로 활용하는 것이다. 온라인 쇼핑몰에 고객의 데이터가 쌓이고 분석 기술과 노하우가 축적되면서 전략적으로 사용할 수 있게 됐다. 앞에서 설명한 추천시스템을 예로 들면 고객에게 편리한 서비스일 뿐 아니라 고객을 잡아두는 전략적 역할을 하게 된다. 아마존이 추천해주는 제품 중 하나를 선택해서 구매하는 편리함에 익숙해진 고객들은 다른 쇼핑몰에 가면 불편함을 느끼기 때문이다. 고객의 제품 구매 패턴 분석도 마찬가지이다. 고객의 구매 패턴을 분석하면 고객의 행동을 이해할 수 있을 뿐만 아니라 물류도 더 효율적으로 할 수 있다. 어느 지역에서 어떤 제품을 언제 얼마만큼 주문할지를 대략이라도 알면 미리 대비할 수 있다.

　만일 우리 기업이 고객의 수요 패턴을 바탕으로 물류를 최적화할 수 있다면 경쟁 회사는 그렇지 못하다면 엄청난 전략적 자산이 된다. 만일 온라인 쇼핑 플랫폼이라면 입점 업체들에 이러한 분석 데이터를 정확하게 제공할 수 있다면 매우 효과적인 무기가 될 수 있다. 판매자들은 온라인 쇼핑 플랫폼 입점 결정에서 이러한 분석을 제공하는 곳을 선택할 것이기 때문이다. 이와 같은 효과를 디지털 기술이 만들어내는 가치 중 제4파라고 부를 수 있다.

온라인, 오프라인, 모바일에서 수집된 다양한 고객 관련 빅데이터는 고객의 상태, 관심, 기분 등 다양한 고객 관련 세부 정보를 파악할 수 있게 해준다.

식당의 출입자 명부를 살펴보자. 앞의 제3파에서 얻은 분석 결과는 다른 데이터와 결합하면 더욱 전략적으로 가치 있는 정보가 된다. 출입자의 나이, 성별, 거주지 등의 정보를 식당의 매출 정보와 결합하면 고객군별로 선호하는 메뉴를 분석해볼 수 있다. 만일 20대가 많이 방문한 시간에는 김밥이 많이 판매됐는데 40~50대가 많이 방문한 시간에는 갈비탕이 많이 판매됐다고 해보자. 그럼 20대는 김밥을 선호하고 40~50대는 갈비탕을 선호하는 것을 알 수 있다. 여기서 더 자세한 분석을 한다면 비가 오는 날의 나이와 성별에 따른 선호 메뉴, 밸런타인데이와 같은 특별한 날의 나이와 성별에 따라 선호하는 메뉴 등의 분석이 가능하다. 이를 바탕으로 매일매일의 메뉴에 대한 계획과 그에 따른 식자재 주문, 계절별, 시간대별 메뉴 프로모션 계획을 세우는 등 식당의 운영을 더 최적화할 수 있다.

데이터의 가치 활용 가능성은 현재의 식당 운영뿐만 아니라 미래의 전략을 세우는 데 도움을 줄 수 있다. 고객의 특성에 따라 선호하는 메뉴의 특성을 파악해서 새로운 메뉴를 개발할 수도 있다. 현재는 한식당을 운영하지만 앞으로 새로 이탈리안 식당을 개점하려 할 때 메뉴 구성이나 방문할 고객 예측 등에 도움을 받을 수도 있다. 물론 소규모 식당은 충분한 인력이 없다. 그래서 이러한 디지털 기술을 활용한다는 것이 어려울 수 있다. 하지만 디지털 기술을 도입하면 데이터 분석을 통해서 전략적인 이점을 얻을 무궁무진한 가능성을 열어준다.

월마트, 아마존 웹 서비스, 존 디어는 가치의 파도를 잘 타면서 고객에게 더 많은 가치를 제공할 수 있었다. 그렇게 되면 똑같이 해당 기업에 대한 고객의 충성도가 올라가게 된다. 고객으로서는 다른 기업에서 얻을 수 없는 가치를 제공받기 때문에 이용할 수밖에 없다. 물론 경쟁자들도 가만히 있지 않고 비슷한 서비스를 개발할 것이다. 하지만 앞에서 설명한 디지털 기술의 특성과 네트워크 효과를 생각해보자. 데이터 분석의 특성 중 하나는 데이터가 많을수록 더 좋은 서비스를 제공할 수 있다는 것이다. 후발 주자가 선발 주자를 따라가기 어렵다. 후발 주자가 이러한 핸디캡을 극복하기 위해 노력하는 동안 선발 주자는 더 발전된 서비스와 기술을 개발하면서 더 큰 격차를 벌릴 수도 있다. 디지털 기술이 가치의 파도 중 제4파인 '전략적 경쟁 무기'가 되는 것이다.

디지털 트랜스포메이션을 위해 무엇을 할 것인가

문제를 하나 풀어보자. 당신 회사에서 디지털 트랜스포메이션은 누가 이끌고 있는가?

① 최고정보책임자CIO, Chief Information Officer
② 최고기술책임자CTO, Chief Technology Officer
③ 최고경영책임자CEO, Chief Executive Officer
④ 코로나19COVID-19

이 문제는 재미로 인터넷에 돌아다니는 것이다. 많은 기업에서 코로나19 때문에 온라인 활용도가 급격히 높아지고 비대면 업무와 고객 서비스 능력이 단기간에 향상되는 등 디지털 트랜스포메이션에 큰 진전이 있었다고 본다. 그래서 코로나19가 정답이라고 해도 크게 틀린 것은 아닐 것이다. 어찌 보면 우스갯소리로 들릴지 모르지만 단순한 재미로 보기에는 시사하는 바가 크다. 회사의 디지털 트랜스포메이션은 내부에서 추진하기가 그만큼 어렵고 외부의 큰 충격이 있어야 가능하다는 것을 의미하기 때문이다.

한편으로 생각해보면 기업의 비즈니스가 IT의 발전에 따라 영향을 받고 새로운 혁신을 하는 것은 과거에도 수없이 나타났던 현상으로 전혀 새로운 것이 없다. PC가 처음 등장한 이후 지난 30~40여 년간 기업이 해온 일은 어떻게 보면 IT를 적용해서 혁신하는 과정이었

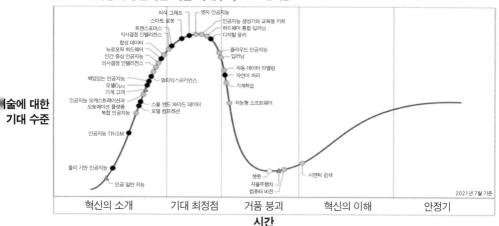

인공지능 응용분야별 기술 기대주기 (2021년 기준)

지식 그래프
스마트 로봇
트랜스포머스
의사결정 인텔리전스
합성 데이터
뉴로모픽 하드웨어
인간 중심 인공지능
의사결정 인텔리전스
책임있는 인공지능
모델Ops
기계 고객
인공지능 오케스트레이션과
오토메이션 플랫폼
복합 인공지능
인공지능 TRiSM
물리 기반 인공지능
인공 일반 지능
멀티익스피리언스
스몰 앤드 와이드 데이터
모델 컴프레션

엣지 인공지능
인공지능 생성기와 교육용 키트
하드웨어 통합 딥러닝
디지털 윤리
클라우드 인공지능
딥러닝
자동 데이터 라벨링
자연어 처리
기계학습
지능형 소프트웨어
챗봇
자율주행차
컴퓨터 비전
시맨틱 검색

기술에 대한
기대 수준

혁신의 소개　　　　기대 최정점　　　　거품 붕괴　　　　혁신의 이해　　　　안정기

시간

2021년 7월 기준

(출처: 가트너 그룹)

다. 그럼에도 왜 새삼 강조하는 것일까? 그것은 IT의 영향으로 인한 기업의 혁신 속도가 변곡점을 맞이했기 때문이다. 즉 앞으로는 IT로 인한 비즈니스의 변화가 가속화될 것이다.

혁신이 어떤 과정을 거쳐서 시장에 등장하고 정착하는지를 잘 설명하는 것이 기술 기대주기Technology Hype Cycle이다. 가트너 그룹에서 만든 이 프레임워크에 따르면 혁신은 다음 그림과 같이 초기에는 엄청난 기대를 받다가 차츰 거품이 꺼지면서 큰 실망과 함께 오히려 더 비관적인 평가를 받는다. 그러다가 시간이 지나면서 점점 그 잠재력이 실현되는 과정을 거쳐서 수용된다.

그림에서 볼 수 있듯이 인공지능 응용기술은 대부분 2021년 기준 기대 최정점을 지나서 거품 붕괴의 단계에 있다. 이 단계에서는 "그래 봤자 달라지는 것은 없다." 혹은 "현실의 제약 때문에 기술로 혁신하는 것은 한계가 많다." 내지는 "기술의 영향이 과대 포장됐다." 같은 많은 회의론이 등장한다. 거기에다가 "인터넷이 등장한 후에 IT 혁신은 이미 많이 했다."라거나 "인공지능이나 사물인터넷을 적용해도 지금 하는 것과 크게 다르지 않을 것이다."라며 혁신의 잠재력을 과소평가하는 경향이 더 커질 것이다.

하지만 과거 인터넷이나 다른 혁신의 예를 보면 거품 붕괴 시기에 새로운 혁신을 수용하고 변화를 시도한 기업은 그 이후 기술 기대주기의 '혁신의 이해' 시기가 오면 경쟁자보다 더 앞서 나가고 시장을 주도할 수 있었다. 하지만 반대로 혁신을 과소평가하고 수용을 게을리한 기업은 '혁신의 이해' 시기에 가서야 경쟁자를 따라가려고 허둥지둥하다가 최악의 경우 블록버스터[15]나 시어즈 백화점[16]처럼 문을 닫아야 했다.

지금 디지털 트랜스포메이션을 해야 하는 이유는 명확하다. 앞으로 4차 산업혁명으로 대표되는 디지털 혁신이 본격적으로 비즈니스에 영향을 미칠 때를 대비하고 미리 준비해야 경쟁자보다 앞서 나갈 수 있기 때문이다. 또한 디지털 트랜스포메이션은 단기간에 도입할 수 있는 것이 아니라 기업이 전사적으로 달려들어 변화해야 가능하기 때문이다. 오랜 시간과 노력이 필요하고 한 번 뒤처지면 따라가기가 쉽지 않다.

그렇다면 성공적인 디지털 트랜스포메이션을 위해 무엇을 해야 할까? 디지털 트랜스포메이션은 IT와 다른 기술의 결합 혹은 가상성과 물리성의 결합이라고 할 수 있다. 이러한 결합의 핵심은 데이터

2010년 블록버스터, 2011년 보더스, 2017년 토이저러스, 2018년 시어스는 디지털 시대를 준비하지 못해 파산했다.

분석이다. 데이터 분석을 어떻게 하는 것이 좋은지는 산업과 기업마다 다르다. 하지만 몇 가지 일반적인 원칙을 생각해볼 수 있다.

첫 번째 원칙은 '연결하고 데이터를 수집하라'이다. IT가 할 수 있는 일은 데이터 분석과 처리밖에 없다. 결국 IT가 제대로 역할을 하려면 데이터가 충분히 수집돼야 한다. 이러한 데이터 수집은 사물인터넷과 같은 기술을 사용해서 자동으로 수집하는 것이 가장 좋다. 디지털 트랜스포메이션 계획의 첫걸음도 어떤 데이터가 중요하고 어떻게 수집할지에 대한 평가와 분석이라고 할 수 있다.

두 번째 원칙은 '데이터를 공유하고 충분히 제공하라'이다. 데이터를 필요로 하는 사람이나 부서가 쉽게 사용할 수 있어야 한다. 보통은 데이터 수집과 관리는 담당하는 IT 부서나 디지털 부서 등에서 중앙집중적으로 하는 것이 효율이나 다양한 데이터 결합이라는 측면에서 유리하다. 그런데 데이터의 수집과 관리를 담당하는 부서와 비즈니스에 적용하는 부서는 다른 것이 보통이다. 데이터를 필요로 하는 부서에서 데이터에 접근하거나 사용하는 것이 어렵고 번거롭다면 활용하지 않을 것이다. 따라서 어떻게 하면 데이터 사용을 쉽게 할 것인지를 최우선으로 고민해서 조직과 업무 프로세스를 만들어야 한다.

세 번째 원칙은 '지식을 창출하라'이다. 데이터를 제대로 활용하려면 궁극적으로는 데이터로부터 인사이트를 얻는 것이 중요하다. 데이터를 분석해서 인사이트를 얻어내는 것은 결국 지식을 창출하는 것이다. 지식 창출은 사람이 할 수도 있고 인공지능과 같은 분석

성공적인 디지털 트랜스포메이션을 위해서는 데이터의 분석이 중요하다. 데이터를 분석하는 궁극적인 목적은 고객에게 새로운 가치를 제공하는 것이다.

도구를 사용해서 할 수도 있다. 어느 경우이든지 데이터로부터 최대한의 인사이트를 만들어낼 방법을 고안해야 한다.

마지막 네 번째 원칙은 '본업이 가장 중요하다'이다. 데이터를 분석하는 궁극적인 목적은 고객에게 새로운 가치를 제공하는 것이다. 그러기 위해 어떤 데이터 분석이 중요한지를 판단해야 한다. 즉 데이터 분석에 관련된 모든 기준은 우리 회사의 본업이 무엇이고 그러기 위해 중요한 것이 무엇인지가 돼야 한다. GE는 디지털 트랜스포메이션의 가장 중요한 기초는 에너지에 관련된 물리적 기술에 대한 지

GE의 '마음+머신'과 핵심 플랫폼 프레딕스. GE는 125년 된 에너지 전문 회사로서 누구보다도 물리적인 에너지 기술에 대한 깊은 이해가 있다. 그렇기 때문에 IT를 결합해서 혁신을 만들어낼 수 있다.

식이라고 스스로 말하고 있다.[17] 즉 GE는 125년 된 에너지 전문 회사로서 누구보다도 물리적인 에너지 기술에 대한 깊은 이해가 있다. 그렇기 때문에 IT를 결합해서 혁신을 만들어낼 수 있다는 것이다. 인공지능을 에너지 산업에 적용할 때도 일반적인 고객 대상의 서비스와는 다르게 물리적인 에너지 기술의 지식이 인공지능과 결합돼야 좋은 결과를 낼 수 있다는 것이다.

디지털 기술이 가져오는 변화에서 가장 큰 것 중의 하나는 정보의 가치가 점점 커진다는 것이다. 제조업과 같은 물리적인 제품을 주로 만드는 산업에서는 당연히 제품의 물리적인 가치가 중요하다. 고객들이 제품을 구매하는 이유도 물리적 가치를 소비하기 위해서이다. 우리가 자동차를 사는 것은 자동차라는 제품이 제공하는 이동이라는 물리적인 가치를 위해서이다.

산업이 발전하면서 물리적인 가치 외에도 다양한 서비스의 가치가 만들어지게 됐다. 자동차 사고가 났을 때 비용을 보장해주는 보험이 있다. 더 나아가서 고객의 신용도에 따라서 새 차를 구매할 때 목 돈 지출을 줄여주고 사용하던 자동차를 처분하는 번거로움을 없애주는 리스 제도 등도 있다. 서비스의 가치로 인해서 고객이 자동차라는 물리적인 제품에서 얻는 전체 가치도 점점 더 커지게 됐다. 이상에서 언급한 서비스의 가치 중 많은 부분은 정보의 증가와 IT의 발전에 따라 가능해진 것들이다.

보험이나 리스와 같은 서비스가 가능해진 것은 자동차 사고에 대한 정보가 축적되고 더 정교한 분석이 가능해짐에 따라 보험회사가 보험료를 얼마나 받아야 보험금을 지출하고도 이익을 낼 수 있는지 판단이 가능해졌기 때문이다. 그에 따라 당연히 IT의 발전으로 더 정확한 분석이 이루어짐에 따라 보험상품도 세분화되고 고객들도 자신의 사고위험에 맞는 보험료를 지급하는 등의 가치가 커졌다. 리스라는 새로운 형태의 제품 서비스가 가능해진 근본적인 이유는 무엇일까? 그건 자동차 정보가 축적됨에 따라 차종별, 지역별 자동차의 잔존가치를 정확히 예측할 수 있게 됐고 또 고객 정보가 축적되고 분석이 가능해짐에 따라 신용도 평가가 정확해졌기 때문이다. 최근에 우리가 '서비스'라고 생각하는 많은 부가가치는 정보 분석으로 만들어진 '정보의 가치'라고 볼 수 있다.

앞으로 이러한 정보의 가치는 더욱 커질 것으로 예상된다. 그러면서 물리적인 제품에서도 정보의 가치가 물리적인 가치를 추월하는 지점이 올 것으로 예상된다. 이 지점을 디지털 크로싱digital crossing이라고 부를 수 있다. 디지털 크로싱은 산업과 제품에 따라 각각 다른

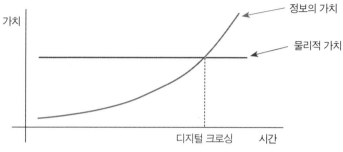

디지털 크로싱

가치

정보의 가치

물리적 가치

디지털 크로싱　　시간

물리적인 속성이 중요, 물리적 전략이 유효 ◀━ ━▶ IT가 중요, IT 전략이 주도

시점에 발생할 것으로 예상된다. 디지털 크로싱 전의 시점에는 제품의 물리적인 가치가 중요하다. 따라서 원가와 품질 등 물리적인 전략이 중요하다. 하지만 디지털 크로싱 이후에는 물리적인 제품이라도 IT가 중요해진다. 또한 IT의 전략이 비즈니스 전략을 주도할 것으로 예상해볼 수 있다.

　디지털 크로싱을 잘 보여주는 산업이 유통산업이다. 디지털 기술은 유통산업에서 온라인 쇼핑에 가장 큰 영향을 끼쳤다. 온라인 쇼핑이 처음 등장했을 때 기존의 물리적인 오프라인 쇼핑과 비교해 압도적인 선호를 받지는 못했다. 다음 그림에 표현된 것과 같이 여전히 직접 보고 고를 수 있는 쇼핑 경험이나 바로 물건을 받아볼 수 있는 등 오프라인 쇼핑의 가치가 컸기 때문이다.

　그러나 시간이 지나면서 제품이 다양하고 쇼핑몰까지 가는 시간이 절약되는 등 그 가치가 주목받기 시작했다. 그리고 아마존 등과 같은 온라인 유통에서 구매 후기나 추천시스템과 같이 정보를 활용

유통산업에서의 디지털 크로싱

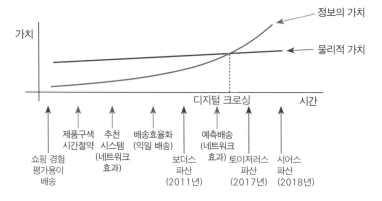

한 새로운 가치가 제공됐다. 이러한 것은 기존의 오프라인 유통에는 존재하지 않던, 디지털 기술이 제공하는 새로운 정보의 가치라고 할 수 있다. 특히 고객의 사용 후기는 제품 설명 정보에다 자세한 사용 경험 정보까지 제공해줘 물건을 직접 보고 고를 수 없다는 온라인 유통의 약점을 보완해주는 역할을 했다. 또한 온라인 유통의 약점이었던 배송에서도 고객의 과거 구매 정보를 분석해서 효율화하고 좀 더 빠르게가 가능해졌다. 아마존은 고객의 데이터가 축적되고 분석 능력이 향상되면서 고객이 주문할 제품을 예측해서 미리 해당 지역에 가져다 놓아 배송 시간을 줄이는 기술을 개발하고 있다.

어떤 분야에 디지털 기술이 도입되면 초기에는 정보의 가치가 크지 않다. 그러다 보니 기존의 물리적인 가치를 중심으로 하는 전통적인 비즈니스가 크게 타격을 받지 않는 것처럼 보일 수 있다. 그러나 시간이 지나면서 디지털 기술의 특성상 데이터가 축적되고 이에 대

디지털 크로싱을 잘 보여주는 산업이 유통산업이다. 디지털 기술은 유통산업에서 온라인 쇼핑에 가장 큰 영향을 끼쳤다.

한 분석을 통해서 정보의 가치가 점점 커지게 된다. 이러한 과정을 거치면서 온라인 유통이 제공하는 정보의 가치가 커졌고 고객들이 점점 온라인 유통으로 쏠리게 됐다. 이러한 결과로 미국의 주요 서점 체인 중 하나였던 보더스가 2011년에 파산했다. 미국 최대 오프라인 장난감 유통 회사였던 토이저러스Toys"R"Us가 2017년에 파산했고 미국 주요 백화점 브랜드였던 시어스가 2018년에 파산했다.

유통에서는 판매하는 제품의 물리적 가치는 온라인이나 오프라인이 크게 다르지 않았다. 하지만 거기에 추가되는 정보의 가치는 온라인이 훨씬 크기 때문에 '물리적 가치+정보의 가치'인 전체의 가치에서 더 커졌다고 할 수 있다. 이러한 현상은 분야에 따라 다소의 차이가 있을 수 있다. 하지만 정보의 가치가 시간이 지나면서 커지고 어느 순간에는 물리적인 가치를 추월하는 디지털 크로싱이 일어난다는 것이 공통적이라고 할 수 있다.

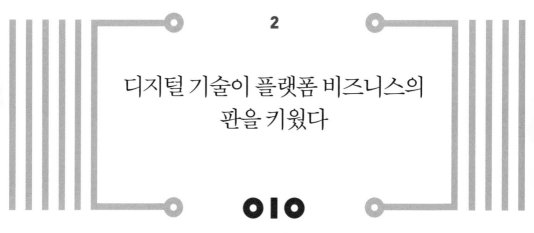

2

디지털 기술이 플랫폼 비즈니스의 판을 키웠다

디지털 기술을 잘 활용해서 혁신에 성공한 예는 많다. 그중에서 대표적인 것 중 하나는 플랫폼 비즈니스이다. 등장한 지 이미 상당히 오래된 비즈니스 방식이지만 점점 더 다양한 분야에서 나타나 그 영향력이 커지고 있다.

플랫폼이란, 관련 있는 수많은 기업이나 개인을 물리적인 혹은 가상의 장소에 모아 새로운 비즈니스를 창조하는 것을 말한다. 애플의 아이튠즈, 앱스토어, 카카오톡, 우버, 에어비앤비, 배달의민족 등과 같은 서비스가 플랫폼 전략으로 큰 성공을 거둔 후에 플랫폼 비즈니스가 주목받고 있다. 플랫폼은 다양한 비즈니스 주체를 연결하는 인터페이스인 동시에 거래가 이루어지는 일종의 장場이다. 인터페이스란 플랫폼 참여자들의 거래를 연결해주는 수단이라고 생각하면 된다. 아이튠즈, 앱스토어, 카카오톡 등의 플랫폼에서는 인터넷과 이들 서비스를 사용하기 위한 앱이 인터페이스의 역할을 한다. 많은 플랫폼이 경제학에서 말하는 양면 시장two-sided market의 형태이다.

양면 시장이란 성격이 다른 두 개의 집단을 연결하는 시장을 말한다. 애플의 앱스토어는 앱 개발자와 사용자라는 두 개의 집단을 연결하고 카카오택시는 택시 기사와 승객을 연결한다. 이에 비해서 카카오톡은 연결된 사용자들의 성격이 크게 다르지 않다. 물론 기업 사용자가 있기는 하지만 숫자가 적다. 대부분 사용자의 성격이 비슷한 플랫폼, 즉 단면시장one-sided market이라고 할 수 있다. 플랫폼 중에는 단면 시장도 있고 양면 시장도 있지만 전체적으로 양면 시장인 경우가 더 많다고 할 수 있다. 또한 드물게 다면 시장multi-sided market도 존재한다.

플랫폼을 만들고 플랫폼 전략을 주도하는 회사를 플랫포머platfomer 라고 하며 플랫폼 위에서 다양한 서비스를 제공한 회사나 사람을 보완자complementor라고 한다. 예를 들어 앱스토어의 플랫포머는 애플이 되고 보완자는 앱 개발자나 다른 서비스를 제공하는 회사가 된다. 배달의민족은 배달 플랫폼을 만든 회사(우아한형제들)가 플랫포머이고 서비스를 제공하는 식당과 배달원들이 보완자가 된다. 플랫포머는 보완자라는 비즈니스 파트너들과 인터페이스를 통해 상호작용하면서 가치를 창출하고 문제를 해결하게 한다. 그러면서 플랫폼은 활성화된다. 플랫폼이 활성화되면 구성원들은 유기적으로 상호작용하게 되고 추가적인 서비스를 제공하는 다양한 보완자가 등장하면서 생태계가 구성된다.

플랫폼 비즈니스 전략은 무엇이 다른가

플랫폼 전략은 전통적인 비즈니스 모델과는 차이가 있다. 전통적 비즈니스 모델은 물건을 만들고 파는 반면 플랫폼 비즈니스 모델은 기업 생태계를 만들고 그 속에서 비즈니스가 일어나게 한다. 다시 말해 전통적 비즈니스 모델이 물건을 만들어 판매하는 단기적 수익 모델이었다면 플랫폼은 매력 있는 기업 생태계를 만들어 스스로 진화하는 중장기적인 비즈니스 모델이라 할 수 있다.

플랫폼은 활동의 장을 만들고 그 장에 초대받을 수 있는 참여자들을 불러들이기 위해 솔루션을 제공한다. 이것을 흔히 플랫폼의 보이지 않는 엔진 또는 킬러 콘텐츠라고 부른다. 사람들이 플랫폼을 사용하는 가장 큰 이유는 바로 이러한 솔루션 때문이다. 우버를 사용하는 이유는 기본적으로 운송 서비스가 필요하기 때문이고 앱스토어를 사용하는 이유는 애플리케이션이 필요하기 때문이다. 이와 같은 운송 서비스와 애플리케이션이 이들 플랫폼의 솔루션이다.

그런데 플랫폼이 이러한 솔루션을 제공하는 과정에서 참여자들에게 재미와 만족을 줄 수 없다면 그 매력은 떨어지게 된다. 좀 더 구체적으로는 세렌디피티serendipity, 그러니까 뜻밖의 재미와 가치를 줄 수 있어야 한다.[18] 처음에는 솔루션 때문에 플랫폼을 이용하지만 지속적으로 새로운 가치를 제공하지 못하면 다른 경쟁 플랫폼으로 옮겨갈 수도 있다. 그래서 플랫포머들은 지속적으로 새로운 가치인 세렌디피티를 제공하려고 노력한다. 우버는 드라이버들에게 현재 상황을 고려했을 때 승객이 차를 부를 가능성이 큰 위치를 제공하거나 배달의민족은 고객들에게 맞춤형으로 좋아할 만한 메뉴를 추천해주는 등의 서비스를 제공한다. 결국은 고객에게 세렌디피티를 제공함으로써 떠나지 못하게 하는 것으로 볼 수 있다.

애플의 아이폰은 스마트폰 플랫폼을 제공하면서 아이튠즈나 앱스토어와 같은 또 다른 플랫폼을 제공하는 다중적인 플랫폼이라 할 수 있다. 애플은 공급자 중심의 제한적 애플리케이션을 제공하는 기존 업체들과 달리 누구나 앱을 구축할 수 있는 플랫폼을 제공했다. 그럼으로써 애플은 1~2년 만에 시장의 리더가 됐다. 아이폰이 창출한 플랫폼을 기반으로 앱을 개발하는 사람들의 창의력 생태계가 폭발적으로 성장했기 때문이다.

애플은 이에 만족하지 않고 아이폰을 축으로 MP3, 음원 제공자, 호텔 룸에 배치된 애플 도킹 오디오 시스템 등을 연결하는 후방 기업 생태계를 만들어냈다. 그리고 아이튠즈나 아이패드와 같은 소프트웨어와 하드웨어 등을 연결하는 인터페이스를 강화함으로써 사용 가치를 극대화하고 있다. 이처럼 애플은 플랫폼을 기반으로 전후방 기업 생태계의 구성원들을 유기적으로 조화시켜 공통의 인터페이스 집합을 바탕으로 기업 생태계를 관리해 성공한 대표적인 예라 할 수 있다.

플랫폼 전략은 인터넷 이전에 IT 산업에서 많이 활용됐다. 여기서 플랫폼이란 컴퓨터 시스템의 기반이 되는 하드웨어 또는 소프트웨어로 응용 프로그램이 실행될 수 있는 기초를 이루는 컴퓨터 시스템을 의미한다. 예를 들면 메인 프레임은 대규모 데이터베이스를 구축하기 위한 플랫폼이고 윈도우, 유닉스, 리눅스 등의 운영체계는 각종 응용 소프트웨어가 실행될 수 있는 플랫폼이다.

이와 같은 컴퓨터 시스템의 플랫폼은 하드웨어나 소프트웨어와 같은 기술 표준을 기반으로 한다는 점에서 기술 플랫폼이라고 불린다. 우리가 익숙하게 알고 있는 비즈니스 플랫폼과는 다소 다르다. 앞에서 예로 든 플랫폼 중에서도 아이폰은 기술 플랫폼에 가깝지만 앱스토어, 아이튠즈, 그리고 우버 등의 플랫폼은 비즈니스 플랫폼이라고 할 수 있다. 이 책에서는 특별한 언급이 없으면 비즈니스 플랫폼을 중심으로 설명한다고 이해하면 된다.

현재 비즈니스 플랫폼이라고 하면 보통은 카카오톡이나 우버 등과 같은 온라인 혹은 온라인-오프라인 비즈니스를 말한다. 이들 플랫폼의 특징은 연결을 통해서 가치를 만들어낸다는 점이다. 이들 플랫폼은 사용자들이 연결을 통해서 가치를 얻는다는 점에서 연결이 가치창출의 원천이라고 할 수 있다. 네트워크 효과가 이들 온라인 플랫폼의 가치를 만들어내는 가장 큰 원천이다.

사람들이 카카오톡과 같은 플랫폼을 사용하는 이유는 거기에 연결된 사람들이 많아서 얻을 수 있는 가치가 크기 때문이다. 새로운 서비스가 나온다고 해도 카카오톡보다 사용자 수가 적을 것이므로 얻을 수 있는 가치도 매우 적을 것이다. 카카오톡과 같이 커뮤니케이션을 위한 플랫폼은 특히 네트워크 효과가 크다. 사람들은 절대적으로 가장 가입자가 많은 플랫폼, 즉 가장 크기가 큰 네트워크를 선호

오프라인 백화점

한다.

플랫폼 비즈니스가 온라인에만 존재하는 것은 아니다. 쇼핑몰은 대 표적인 오프라인 플랫폼이다. 쇼핑몰은 다양한 상점들과 쇼핑객들을 연결해준다. 다양한 가게들이 많고 쇼핑객들이 많이 몰릴수록 쇼핑몰 의 가치는 올라간다.

미국과 유럽 등의 백화점들이 '직매입' 방식을 택하는 것과 달리 우리나라 백화점들은 입점 업체가 상품을 매입해서 판매하는 방식 인 '특정 매입' 방식을 사용한다. 백화점이 고객에게 판매 대금을 받 고 그중 일정 비율은 수수료를 떼고 나머지를 돌려주는 형태로 재고 부담 등의 위험을 피할 수 있다. 우리나라의 백화점은 외부에서 제품 을 '직접' 매입해 다시 최종 소비자에게 판매하는 '소매점'이 아니라 독립적인 브랜드들이 백화점 내 매장을 개설하도록 하고 매출액의 일정 비율을 수수료로 받는 플랫폼이라 볼 수 있다.

백화점은 입점 업체와 쇼핑객들에게 솔루션을 제공한다. 쇼핑객들에게는 오락과 다양한 소비라는 효용을 제공하며 입점 업체들에는 신뢰도와 안정적 매출이라는 이점을 제공한다. 입점 업체는 백화점이라는 플랫폼에 참가하면 처음부터 많은 고객과 만날 기회가 생긴다. 따라서 수요 측면에서 볼 때 불확실성이 크게 줄어든다는 이점이 있다. 그 외에도 매장 투자와 유지에 들어가는 비용이 독립 매장을 차리는 것보다 적게 들어간다는 이점도 있다. 즉 백화점은 규모의 경제를 바탕으로 입점 업체에 낮은 점포 유지 비용을 제공한다고 볼수 있다. 또한 백화점이 지니는 브랜드 가치를 통해 자사 브랜드의 신뢰도를 높일 수 있다. 이런 것이 백화점이라는 오프라인 플랫폼의 솔루션이라고 할 수 있다.

왜 우리는 백화점에 가는가? 좋은 제품을 편안하게 쇼핑하기 위해서이다. 쇼핑객은 기본적으로 백화점 플랫폼의 솔루션 때문에 이용한다. 그렇지만 그것이 전부는 아니다. 백화점에 가면 다양한 볼거리를 제공하는 이벤트에 참여할 수도 있고 세일을 통해서 싸게 제품을 구매할 기회도 얻을 수 있다. 특히 우리나라는 지하 식품매장, 레스토랑, 식품코너 등 식음료F&B가 고객을 흡수하는 데 매우 중요한 역할을 한다. 이런 것이 고객 입장에서 볼 때 세렌디피티라고 할 수 있다. 쇼핑이라는 본질적인 가치를 제공하는 솔루션 외에도 다양한 가치를 주는 세렌티피티가 있다. 백화점에 많은 사람이 모이고 성공적인 비즈니스가 가능한 이유다.

플랫폼 가치창출의 원천은 다양하다

플랫폼이라는 동일한 용어로 불리는 비즈니스라 하더라도 앞에서 설명한 것과 같이 다양한 형태가 존재한다. 플랫폼의 형태에 따라 가치를 만들어내는 원천은 다음 그림에서 볼 수 있듯이 백화점과 같이 규모의 경제일 수도 있고 카카오톡이나 우버와 같이 네트워크 효과일 수도 있다.

백화점이나 아웃소싱이 대표적으로 규모의 경제를 가치창출의 원천으로 삼고 있다면 카카오톡이나 페이스북 등은 네트워크 효과가 가치를 만들어내는 원천이라고 할 수 있다. 특이하게 아마존은 규모의 경제와 네트워크 효과 둘 다 갖고 있다. 아마존은 물류시스템에 대한 대규모 투자를 통해서 배송시스템에서 규모의 경제를 실현했

플랫폼 가치창출의 원천

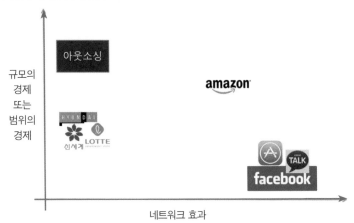

(출처: 김기찬·송창석·임일, 『플랫폼의 눈으로 세상을 보라』, 성안북스)

고 고객의 데이터를 분석해서 맞춤형 추천시스템을 제공함으로써 고객의 연결이 더 큰 가치를 창출하는 네트워크 효과도 만들어냈다. 아마존은 규모의 경제와 네트워크 효과 둘 다 갖춘 드문 경우다. 대부분의 플랫폼은 둘 중 하나만 강력히 작동해도 성공적으로 자리잡는다. 최근에는 온라인 플랫폼의 성공 사례가 늘면서 플랫폼은 온라인에서 네트워크 효과를 활용하는 것이라는 인식이 있다. 물론 많은 경우에 맞는 말이지만 플랫폼은 오프라인에도 존재할 수 있고 규모의 경제로도 가치를 만들어낸다는 점은 기억할 필요가 있다.

다양한 플랫폼 비즈니스는 이처럼 오래전부터 있었다. 그러다가 아마존, 카카오톡, 페이스북 등 디지털을 기반으로 한 비즈니스 모델이 플랫폼을 지향하면서 승승장구를 달리고 있다. 현재 성공적인 플랫폼 비즈니스를 보면서 한 가지 생각해볼 것이 있다. '왜 과거에는 플랫폼 비즈니스가 많지 않았을까?' 하는 것이다. 과거에는 플랫폼의 핵심 아이디어인 '직접 제품과 서비스를 제공하는 대신 비즈니스의 장을 만들어놓고 관심 있는 회사와 개인이 와서 비즈니스를 하도록 한다.'라는 생각을 하지 못했을까? 그렇지는 않다. 과거에도 비슷한 아이디어를 가지고 수많은 시도를 했을 것이다. 하지만 분명한 것은 지금만큼 성공적이지는 못했다는 것이다. 그 이유가 무엇일까?

플랫폼 비즈니스의 핵심은 수많은 기업과 개인이 활발하게 거래하도록 하는 것이다. 그러기 위해서는 수많은 거래 주체들의 다양한 활동을 민첩하고 정확하게 조정할 필요가 있다. 배달의민족이 잘 돌아가려면 어느 곳에 사는 어떤 고객이 어떤 음식을 얼마나 필요로 하는지, 어떤 식당이 그 음식을 시간 내 만들어서 제공할 수 있는지, 음식 가격은 어떻게 되는지 등의 수많은 정보를 식당이나 고객이 원활하게 얻을 수 있어야 한다. 여기에 더해서 고객이 식당과 메뉴를 선택하면 그 주문정보가 식당으로 보내져야 한다. 그리고 고객이 그 식당에서 음식 조리가 끝났는지, 배달을 떠났는지 등의 정보를 쉽게 확인할 수 있어야 한다. 즉 수많은 정보를 잘 처리해야 한다. 과거에는 이러한 정보를 전화나 팩스 등으로 처리하다 보니 비용이 너무 많이 들었다. 고객이 수만 명이고 식당이 수천 개만 돼도 그 비용이 얼마나 들지 생각해보면 쉽게 이해가 될 것이다. 디지털 기술이 발전하면서 정보처리 비용이 급격히 낮아졌다. 그에 따라서 복잡한 비즈니스 활동을 아주 낮은 비용으로 처리할 수 있게 됐다. 그에 따라 다양한 플랫폼 비즈니스가 등장한 것이다.

우리는 여기에서 한 가지를 알 수 있다. 새로운 비즈니스의 등장 뒤에는 환경의 변화가 있고 거기에서 큰 역할을 하는 것이 디지털 기술이라는 것이다. 플랫폼 비즈니스에 대한 아이디어는 과거에는 실행하기에 너무 큰 비용이 들어서 실행 가능성이 없었다. 그런데 디지털 기술의 발전에 따라 충분히 실행할 수 있는 아이디어가 된 것이다. 즉 현재는 실현 가능성이 없는 비즈니스 아이디어도 디지털 기술이 더 발전하는 등의 환경 변화가 생기면 충분히 실현될 수도 있다는 것이다.

어떤 디지털 기술이 발전하고 어떤 환경 변화가 생길 것인지 구체적으로 정확히 예측하기는 어렵다. 다만 디지털 기술의 처리 용량,

앞으로는 데이터 분석을 통한 예측과 개인화가 이루어진 것이다.

처리 속도, 그리고 인공지능 등으로 분석이 더 정교해지고 있다. 아마 데이터 분석을 통한 예측과 개인화가 그 대략적인 방향이 될 것이다. 뒤에 설명할 구독경제도 결국은 디지털 기술의 발달로 고객의 선호와 니즈needs를 정확히 예측할 수 있게 되면서 성장했다.

분명 플랫폼은 새로운 비즈니스의 성공 모델로 떠올랐다. 그러나 플랫폼이라는 타이틀만 갖다 붙인다고 해서 성공하는 것은 아니다. 또 디지털 기술이 뒷받침해준다고 해서 성공하는 것도 아니다. 애플, 카카오톡, 우버와 같은 플랫폼의 성공 사례는 이미 잘 알려져 있다. 반면 실패한 플랫폼은 역사의 뒤안길로 사라지기 때문에 잘 알려져 있지 않다. 플랫폼의 성공 사례보다 실패 사례를 살펴보면 오히려 플랫폼에 대해서 더 잘 이해할 수 있다.

앞에서 설명했던 와시오는 2013년에 '세탁업계의 우버The Uber for

와시오의 광고

laundry'라는 슬로건을 가지고 창업했다. 고객이 앱으로 요청하면 프리랜서로 일하는 배달원이 그 세탁물을 받아서 지정된 세탁소에 전달하는 방식이다. 세탁이 완료되면 세탁소에서 완료됐다는 사실을 앱에 등록한다. 그러면 그때 시간과 위치가 맞는 배달원이 세탁이 끝난 옷을 세탁소에서 받아서 고객에게 전달하는 방식으로 운영됐다.

얼핏 보면 우버의 자동차를 가진 드라이버와 운송 서비스가 필요한 승객을 연결해주는 서비스와 매우 흡사한 방식이다. 실제로 초기에는 매우 인기 있는 스타트업으로서 1,600만 달러에 이르는 투자를 받기도 했다.[19] 그런데 이 회사는 2016년에 문을 닫았다. 왜 비슷한 비즈니스 모델임에도 우버는 성공적으로 운영된 반면에 와시오는 문을 닫았을까?

플랫폼은 가치창출의 원천이 다양하다. 규모의 경제와 네트워크

우버는 드라이버와 승객들이 많아질수록 네트워크 효과가 커진다.

효과가 대표적이다. 그런데 와시오는 이 두 가지의 효과를 제대로 누렸을까? 우선 규모의 경제를 살펴보자. 세탁소가 이 서비스에 가입하면 초기에는 세탁물 의뢰가 늘어서 약간 규모의 경제를 누릴 수 있다. 그러나 고객들이 이 서비스에 가입한다고 예전보다 세탁의 양이나 횟수를 크게 늘리지는 않을 것이다. 만일 다른 세탁소도 이 서비스에 가입한다면 결국 규모의 경제가 미미하다고 할 수 있다.

그렇다면 네트워크 효과는 있을까? 이 서비스에 가입하는 세탁소와 고객이 늘어날수록 가치가 높아질까? 그렇지는 않다. 카카오톡처럼 고객 간 혹은 고객과 세탁소 간의 연결과 상호작용이 활발하게 이루어지지는 않을 것이기 때문이다. 그에 비해 우버는 상당한 네트워크 효과가 있다. 우버에 가입한 드라이버와 승객들이 많아질수록 승객들은 어디서나 쉽게 차를 탈 수 있는 가치가 높아지고 드라이버들은 계속 승객을 태울 수 있는 가치가 높아지기 때문이다.

플랫폼으로서의 솔루션은 어떠한가? 와시오는 고객을 강하게 끌어들일 킬러 솔루션이라고 할 수 있을까? 고객들은 꼭 와시오를 사용해야 할 이유가 없다. 집에서 세탁기를 돌려도 되고 아니면 세탁소에 직접 갖다줄 수도 있기 때문이다. 그에 비해서 우버는 반드시 사용해야 하는 유인이 있다. 물론 우리나라처럼 길에 택시가 흔하고 카카오택시가 있을 때는 다르다. 하지만 외국처럼 길에 택시가 흔하지 않거나 카카오택시처럼 부르면 바로 오는 택시가 없을 때는 운송 서비스에 대한 수요는 매우 크다. 와시오는 서비스에 대한 수요가 약하기 때문에 조금이라도 불편한 점이 있으면 사용하지 않게 된다. 즉 솔루션의 매력도가 약하다.

플랫폼의 구조를 봐도 와시오는 우버가 될 수 없었다. 와시오는 다면 시장이라고 할 수 있다. 고객과 세탁소 외에 배달원이라는 추가적인 집단이 참여하고 있다. 다면 시장이 되면 플랫폼의 관리와 가치창출이 더 복잡하고 어렵게 된다. 우선 고객에게 제공되는 서비스의 품질을 유지하려면 양면 시장인 우버처럼 드라이버라는 하나의 그룹만 관리하는 게 유리하다. 그러나 와시오는 세탁소와 배달원으로 나누어 두 개의 그룹을 관리해야 한다. 실제로 와시오 고객 불만의 많은 부분이 세탁의 품질뿐만 아니라 시간을 안 지키거나 불친절한 배달원 때문에 생겼다고 한다. 다면 시장은 또한 수익배분도 어렵다. 수익을 나눠줘야 하는 집단이 하나 더 있어서 이익을 내기가 쉽지 않다. 그래서 와시오는 배달비를 추가로 받았다. 그렇지 않아도 수요의 강도가 약한 마당에 가격마저 더 비싸다면 더더욱 사용할 유인이 없어지게 된다.

와시오는 겉으로 보기에는 우버와 흡사한 플랫폼 같지만 구체적으로 들여다보면 매우 다른 특성을 가진 플랫폼임을 알 수 있다. 우리가 와시오의 실패에서 얻을 수 있는 중요한 교훈은 한 분야에서 성공한 플랫폼 모델이 다른 분야에서도 성공한다는 보장이 없다는 것이다. 같은 모델이라도 분야가 달라지면 비즈니스로서의 매력이나 강점이 달라지기 때문이다. 만일 플랫폼 비즈니스를 계획하고 있다면 와시오 모델 분석처럼 규모의 경제나 네트워크 효과와 같은 가치 창출의 원천이 확실한지, 솔루션의 매력도는 있는지, 플랫폼의 구조는 어떤지 등을 세밀히 분석해보아야 할 것이다.

한국의 링크샵스LinkShops는 와시오와 달리 플랫폼 비즈니스의 공식을 기계적으로 따르지 않았다.[20] 링크샵스는 동대문에서 비즈니스를 하는 도매상과 소매상을 연결해주는 기업 간 전자상거래B2B 플랫폼이다. 서경미 대표가 2012년에 창업했는데 스마트폰 애플리케이션과 회사 웹사이트를 통해서 도매상과 소매상의 거래를 중개한다. 도매상이 옷 사진, 치수, 가격 등의 정보를 올리면 소매상이 제품을 골라 주문하고 링크샵스는 수수료를 받고 결제 중개, 구매 대행, 배송 등의 전 과정을 책임진다. 현금거래가 대부분이었던 동대문 시장의 도소매 거래에 IT를 도입해서 결제 정산과 관리를 투명화한 것이다.

링크샵스의 수익은 중개 수수료이다. 도매상은 거래액의 1퍼센트,

링크샵스의 도매상용, 소매상용, 사입삼촌용 앱의 화면

(출처: 링크샵스)

소매상은 거래액의 3퍼센트, 해외 소매상은 거래액의 8퍼센트를 수수료로 낸다. 링크샵스에 가입한 도매상의 수는 2015년 1,200여 곳에서 2017년 5,500곳으로 늘었고 2019년에는 1만 1,000곳으로 급격히 늘어났다. 2020년에는 코로나의 영향으로 신규 가입자가 30퍼센트 더 늘어났다고 한다. 동대문 전체 도매상의 60퍼센트 이상이 가입된 것이다. 서경미 대표는 일찍부터 미국에서 다양한 장사와 사업을 했고 2008년 한국으로 돌아와서 의류 중개 플랫폼을 사업을 구상했다. 한국의 의류 시장에 대해서 잘 알아야겠다는 생각에 동대문에서 3년간 직접 도매상을 운영했다.

동대문의 도매상들은 하나하나가 독립된 패션 개발 회사와 같다. 그 밑에 여러 명의 디자이너를 두고 시장의 트렌드를 반영한 신제품

(신상)을 개발해서 샘플을 만들어 소매상에게 뿌린다. 그다음 시장의 반응을 봐가면서 얼마나 생산할지를 결정한다. 동대문은 하루에 개발되는 신상의 가짓수가 약 5만 개에 이를 정도로 시장의 트렌드를 아주 빠르게 반영하며 움직이는 곳이다. 이들 도매상에게 전국의 소매상들이 샘플을 받아서 시장의 반응을 보고 좋으면 대량으로 주문해서 판매하는 방식으로 장사한다.

동대문에는 '사입삼촌'이라는 이름으로 특별한 일을 하는 사람들이 있다. 소매상들이 낮에 장사하고 밤마다 물건을 사러 동대문에 간다는 것은 사실상 불가능하다. 그래서 돈을 내고 구매 대행을 쓴다. 그렇게 의류 구매를 대신하고 소매상에게 전달하는 사람들을 사입삼촌이라 부른다. 사입삼촌 사이에선 다양한 도매상들과 친분을 맺는 것이 중요하다. 인기 의류를 얼마나 많이 떼올 수 있는지와 샘플(낱장)을 구해올 수 있는지가 결정되기 때문이다.

여러 소매상의 사입을 맡은 삼촌들은 밑에 '새끼삼촌' 여럿을 두고 있다. 이들 중 다수가 사업자등록을 하지 않고 일을 한다. 그러다 보니 '신뢰' 문제가 발생한다. 도매상에게 전달해야 할 대금을 챙겨 달아나는 '먹튀'가 종종 일어나는 것이다. 수작업으로 하다 보니 실수도 잦았다. 서경미 대표는 이런 환경이야말로 믿을 만한 중개 플랫폼이 필요하다고 생각했다.

2012년 7월 서경미 대표는 이러한 문제들을 해결하기 위해 온라인 도소매 중개 플랫폼 링크샵스를 만들었다. 30여 명 직원으로 영업팀, 사입팀, 회계팀, 개발팀, 디자인팀 등을 꾸렸다. 사입팀은 동대문 도매시장에서 사입삼촌 중에 일 잘한다고 소문난 사람들을 설득해 데려왔다. 처음에 도매상을 가입시키기가 쉽지 않았다. 그 당시 동대문 도매상들은 현금거래가 대부분이었다. 경기가 좋아서 장사가 잘됐다. 매일 박스에 현금이 쌓일 정도이다 보니 온라인 플랫폼에 관심이 없었다. 또한 온라인 거래를 하면 거래 내용이 드러나서 세금이 늘어날 것을 우려했다.

그래서 생각한 것이 소매상을 공략하는 것이었다. 힘 있는 바이어(소매상)를 섭외하면 도매상도 따라오지 않을까 생각한 것이다. 그러나 소매상들을 섭외하는 것 역시 쉽지 않았다. 소셜미디어에 광고도 해보았으나 소매상들은 기존의 거래방식을 버리고 선뜻 온라인 플랫폼으로 오려 하지 않았다. 서 대표는 전국의 대형 소매상의 리스트를 뽑아 직접 찾아 다니며 설득을 했다.

초기에는 소매상들이 거래하는 도매상이 링크샵스에 가입이 돼 있지 않았다. 그래서 직접 별도로 도매상의 주문을 넣고 사입삼촌이 찾아서 배송하는 경우도 많았다. 무수한 노력 끝에 소매상들이 어느 정도 모였고 링크샵스의 이름이 동대문에서 알려지기 시작했다. 그러자 도매상 중에서 장사가 잘 안 되는 곳들이 관심을 보이면서 하나둘씩 가입하기 시작했다. 그리고 이들 도매상 중에 실제로 매출이 늘어난 곳이 생기자 입소문이 나면서 가입이 늘어났다. 그렇게 링크샵스가 자리를 잡아가자 기존의 사입삼촌들이 반발하기도 했다. 그들은 자신들의 밥그릇을 뺏길 수 있다는 생각에 협박을 하기도 했다. 그렇지만 시간이 지나면서 온라인이 대세라는 생각이 자리잡기 시작했다. 링크샵스에 입사하기를 원하는 사업삼촌들이 점점 늘어나게 됐다.

2020년 1월부터는 1인 온라인 쇼핑몰을 위한 'Go집 배송' 서비스를 시작했다. 온라인에서 혼자 쇼핑몰을 운영하는 사업자들의 가장 큰 고충 중 하나는 제품의 사입과 배송이다. 1인 온라인 쇼핑몰은 보통 고객이 주문하면 도매상에서 제품을 사입해서 발송하거나 제품을 미리 사입해놓고 판매한다. 제품을 도매상으로부터 사입하는 것도 손이 많이 가는 일이다. 또한 사무실이 없거나 사무실이 좁아서 많은 제품을 포장하고 발송하는 데 애를 먹는다. 이런 사람들을 위해서 주문정보만 링크샵스에 전달하면 수수료를 받고 배송을 대신해주는 것이다. 시작 첫 달에만 주문이 1,000건이 넘는 등 폭발적인 인기를 얻었다.

링크샵스의 성공 비결은 과연 무엇일까? 이 회사만의 세렌디피티를 만들어냈기 때문에 가능했다. 링크샵스의 솔루션은 소매상들이 도매상으로부터 제품을 믿고 사입할 수 있게 해주는 것이다. 또한 그동안 간이영수증을 모아서 세무 처리를 하느라 시간과 비용이 적지 않게 들던 것을 자동으로 처리해주는 것이다. 도매상으로서는 더 많은 소매상을 확보해서 거래의 기회를 늘리는 네트워크 효과도 있다고 할 수 있다.

링크샵스는 여기에서 더 나아가서 다양한 부가 서비스를 추가했다. 우선 도매상이 신상을 만들어서 등록하는 경우에 제품 사진과 제품의 원단 재질과 간단한 정보만 제공하면 인공지능이 자동으로 정확하게 제품의 카테고리를 찾아주는 서비스를 제공했다. 앞서 얘기 했듯이 동대문에서는 매일 5만 가지의 신상품이 쏟아졌고 소매상들은 제품을 카테고리별로 검색했다. 그러다 보니 정확한 카테고리에 넣는 것이 매우 중요하다. 링크샵스는 이를 자동으로 하게 했다.

도매상들은 신상을 개발할 때 보통 '감'에 의존하는 것이 보통이다. 링크샵스에는 각 도매상이 지금까지 개발했던 신상의 스타일, 자재, 그리고 매출액 등에 대한 정보가 있다. 이를 인공지능으로 분석해서 도매상이 신상을 올렸을 때 예상 매출액을 알려줌으로써 재고를 최소화하는 서비스도 계획하고 있다. 또한 인공지능이 기존 거래 내용을 분석해서 신상 중에서 관심을 가질 만한 제품을 골라서 추천해주는 서비스를 제공했다. 소매상들이 판매할 신상을 찾는 데 걸리는 시간을 줄여주는 것이다.

링크샵스는 B2B 플랫폼이다. 카카오톡이나 우버와 같이 우리가 익숙하게 알고 있는 B2C 혹은 C2C 플랫폼과는 매우 다른 특성이 있다. 우선 B2B 플랫폼은 비즈니스를 연결해주는 플랫폼이기 때문에 기존의 비즈니스 방식과 밀접하게 같이 돌아가야 시장에서 받아들여진다. 링크샵스가 동대문에서 중요한 역할을 하는 사입삼촌을 고용했던 이유다. 일반 고객 대상일 때는 우버나 카카오의 예에서 보듯이 기존의 방식과 다른 혁신적인 방식을 도입한 플랫폼에 대해서 거부감이 크게 없고 오히려 환영받는 경우가 많았다. 그러나 B2B 플랫폼은 기존의 비즈니스와 동떨어진 프로세스는 환영받지 못한다. 링크샵스가 소매상을 설득하려고 할 때 기존의 방식과는 다른 온라인 방식이다 보니 선뜻 받아들여지지 않았던 것이다.

링크샵스는 B2B이면서 도매상과 소매상을 연결하는 양면 시장 플랫폼이라고 할 수 있다. 사입삼촌은 독립적인 참여자보다는 플랫포머의 직원으로 보는 것이 더 맞다. B2C이든 B2B이든 양면 시장일 때 둘 중 어느 그룹을 먼저 공략할지를 신중하게 결정해야 한다. 링크샵스가 먼저 도매상을 공략한 것은 성공적이지 않았다. 그 후 전략을 바꿔 소매상을 공략한 것이 잘 맞았다고 할 수 있다. 일반적인 원칙은 '상대방을 끌어들이는 힘이 강한 쪽을 먼저 공략한다.'라는 것이다. 링크샵스는 소매상을 먼저 공략했다. 그건 도매상을 끌어들이기 위해서는 소매상이 있어야 했기 때문이다. 카카오택시도 승객보다는 택시기사를 먼저 끌어들이는 데 공을 들였다. 만일 택시기사보다 승객을 먼저 공략했다면 어떤 일이 생겼을까? 아마 앱을 켜고 택시를 부르려고 해도 없어서 다시는 사용하지 않았을 것이다.

플랫폼 비즈니스의 성공은 앞에서 얘기했듯이 디지털 정보 기술이 발전함에 따라 현재는 현실성이 없는 비즈니스가 미래에는 실현될 가능성이 충분히 있다는 것을 시사한다. 미래 비즈니스를 계획하는 경영자로서는 디지털 기술의 발전 추세를 면밀히 살펴보고 앞으로 어떤 비즈니스가 가능해질 것인지를 예상해볼 필요가 있다. 디지털 기술의 특성을 잘 이해하면 앞으로 비즈니스 여건이 어떻게 바뀔 것이며 그에 따라 어떤 새로운 비즈니스가 등장할지 등의 큰 그림을 그려볼 수 있을 것이다.

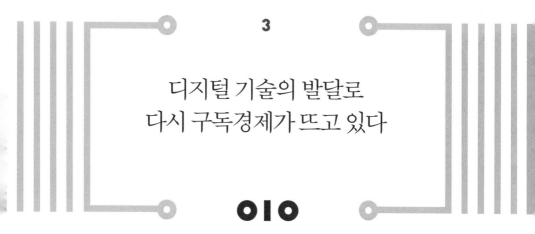

3

디지털 기술의 발달로
다시 구독경제가 뜨고 있다

디지털 기술이 등장하고 큰 영향을 주면서 생긴 또 다른 비즈니스 형태는 구독경제subscription economy이다. 구독경제는 정기적으로 일정한 금액을 받고 제품이나 서비스를 여러 번 사용할 수 있도록 한다. 현재 많은 기업이 구독경제 형태로 제품이나 서비스 제공을 고려하고 있다.

최근 구독경제라 불리는 다양한 서비스가 인기를 끌고 있다. 일정 금액을 내면 정기적으로 꽃을 배송해주거나 한 달에 술 2병 혹은 칵테일 2잔 등의 일정한 양을 무료로 사용하는 서비스도 있다. 일정한 금액을 내고 서비스를 이용한다는 점에서 신문이나 잡지의 구독처럼 구독경제 서비스라고 부른다. 최근에 구독경제 서비스가 다양하게 등장하면서 만들어진 경제 생태계를 구독경제라고 부른다.

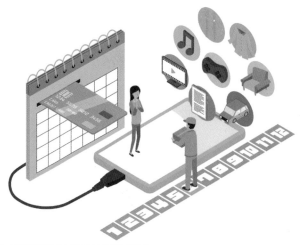

구독경제는 이제 일상적인 서비스로 자리잡고 있다.

구독경제의 규모는 갈수록 커지는 중이다. 한국의 구독경제 시
장의 규모도 성장세다. KT 경제경영연구소의 조사를 보면 이미
2016년에 26조 원에서 2020년에 40조 원이 넘는 등 가파른 성장
추세라고 한다. 최근 한 글로벌 결제 솔루션 기업이 발표한 자료를
보면 전 세계 성인의 25퍼센트가 3개 이상의 서비스를 구독 중이라
고 한다. 미국을 비롯한 주요 시장 12개국으로 한정했을 때는 무려
70퍼센트가 넘는다. 그만큼 구독경제는 이제 일상적인 서비스로 자
리잡았다는 것을 알 수 있다.

미래학자 제러미 리프킨Jeremy Rifkin 교수는 『소유의 종말』에서 미
래의 경제 생활을 이야기하면서 "물건에 대한 소유가 아니라 서비스
와 경험에 대한 접속이 될 것이다."라고 했다. 전통적으로 상품을 구
매하고 또 재화를 소유하는 방식과 문화에서는 선뜻 이해되지 않는

공유경제가 구독경제로 넘어가는 추세다.

말이었다. 그러나 지금은 어떤가. 그의 말대로 소유보다 공유를 더 선호하고 공유경제가 구독경제로 넘어가는 추세다. 이제 자동차도 구독경제의 플랫폼을 이용한다.

그런데 구독경제라고 불리는 다양한 종류의 서비스에 대한 이해가 충분하지 않은 것 같다. 구독경제 서비스는 모두 비슷하다고 보거나 한 구독경제 서비스에서 성공한 전략이 다른 구독경제 서비스에도 그대로 적용될 수 있다고 보는 등 이해가 매우 부족하다. 또한 구독경제 서비스를 표방하는 많은 스타트업들의 비즈니스에 대한 평가 기준도 별로 없는 편이다.

비즈니스 패러다임이 구독경제로 바뀐다

구독경제란 용어를 널리 보급한 사람은 미국 주오라Zuora라는 회사를 창업한 티엔 추오Tien Tzuo다. 그렇지만 이미 오래전부터 구독경제 형태의 서비스가 다수 존재했다. 요구르트 배달이나 신문 구독이 대표적이다. 이들 서비스는 일정 금액(구독료)을 내고 정해진 기간 해당 서비스나 물품을 반복적으로 사용하게 한다는 점에서 전형적인 구독경제 서비스다. 최근에 구독경제 서비스가 성장하면서 다양한 형태가 등장하고 있으며 미래에 가장 빠른 성장 분야 중 하나로 언급되고 있다. 또한 전 세계를 강타한 코로나19 때문에 구독경제의 성장에 더욱 가속이 붙게 되었다.

구독경제 서비스에는 매우 다양한 형태가 존재한다. 최근에 등장한 흥미 있는 국내 구독경제 서비스 몇 가지를 살펴보자. 월 9,900원에 약 5만 종의 전자책을 무제한 읽을 수 있는 '밀리의 서재'가 있고 월 9,900원을 내면 전국의 제휴 술집에서 칵테일이나 수제 맥주 등을 매일 한 잔씩 무료로 마실 수 있는 '데일리샷'도 있다. 월 일정 금액(5만~6만 원)을 내면 커피 원두, 콜드브루 커피, 혹은 커피 티백을 정기 배송해주는 '프릳츠'도 있고 월정액(3만 3,000원에서 시작)을 지급하면 집이나 사무실 벽의 그림을 일정 기간(3개월이 표준)에 한 번씩 바꿔주는 '오픈 갤러리'도 있다.

이러한 다양한 구독경제 서비스는 하나의 비즈니스 개념으로 설명하기 어렵다. 구독경제 서비스의 공통점은 '일정 금액을 지불하고 서비스나 제품을 반복적으로 이용하는 것'이라 할 수 있다. 구독경제 서비스로 불린다는 공통점 외에는 완전히 다른 비즈니스로 봐야 하는 것도 많다. 최근 구독경제 서비스가 성장하는 것은 여러 가지 복합적인 이유가 있다.

첫째, 디지털 콘텐츠의 경우에는 고해상도의 콘텐츠를 빠른 속도로 전달이 가능해졌다. 고객은 스마트폰, 컴퓨터, TV를 통해서 고해상도 콘텐츠를 소비하는 것이 일상이 됐다. 그러면서 자연스럽게 콘텐츠를 구독 형태로 소비하게 됐다.

둘째, 구독경제 서비스에서 중요한 것이 개별 고객의 니즈를 정확히 파악하는 것이다. 그런데 인터넷, 스마트폰, 사물인터넷 등이 발전하면서 적은 비용으로 가능해졌다. 고객은 언제 어디서나 필요한 제품과 서비스를 요청할 수 있다. 기업은 개별 소비자의 세세한 데이터를 수집해서 정확한 분석을 통해 고객의 니즈를 알 수 있게 됐다.

셋째, 배송이 빨라지고 일반화되면서 개별 소비자에게 제품을 전달하는 것이 쉬워졌다. 물리적인 제품을 구독경제 서비스 형태로 소비하는데 물건의 배송이 정확하고 빠르게 저비용으로 이루어지는 것이 중요하다. 최근 택배 산업의 발전과 성장으로 인해 제품을 배송하는 구독경제 서비스를 실행하기가 쉬워졌다.

넷째, 고객 트렌드 변화이다. 이미 고객은 비대면 비접촉 서비스의 편리함을 경험하면서 선호 경향이 강해지고 있었다. 구독경제 서비스는 이러한 경향에 잘 맞는다. 특히 최근에 등장한 MZ 세대는 편리한 서비스와 남들과 다른 소비를 하는 데 큰 가치를 부여하고 있다. 그러다 보니 다양하고 독특한 제품을 사용해볼 수 있는 구독경제 서비스를 특히 선호한다.

구독경제의 미래를 예측하기는 쉽지 않다. 그렇지만 구독경제와 관련한 몇 가지 명확한 트렌드는 있다. 첫째, 구독경제 관련 비즈니스에 대한 니즈가 증가할 것이다. 둘째, 반대로 구독경제 관련 서비스의 공급이 증가할 것이다. 셋째, 구독경제에서 앞으로 사물인터넷이나 인공지능을 비롯한 데이터 수집과 분석 기술이 더 중요해질 것이다.

우선 지금보다도 더 다양한 구독경제 서비스가 등장할 것으로 예상된다. 고객은 이미 비접촉 비대면으로 물건을 구매하거나 서비스를 받는 쪽으로 이동해가고 있었다. 더욱이 최근의 코로나19로 온라인 서비스에 대한 수요가 급격히 성장하고 있다. 이러한 요구에 가장 효과적인 방법의 하나가 구독경제 서비스이기 때문에 앞으로의 빠른 성장이 예상된다.

또한 앞에서 언급했듯이 이제 시장에 막 진입한 MZ 세대는 특히 남들과는 다른 제품을 소비하려는 욕구가 있다. 그리고 통신, 음악, 게임 등의 서비스를 이용하기 위해서 매월 일정 금액을 지급하는 방식에 익숙하며 자신에게 편리하다면 기꺼이 지갑을 연다. 이런 욕구에 잘 맞는 것이 매번 새로운 제품을 집까지 정기적으로 배송하는 구독경제 서비스이다. MZ 세대가 주력 소비자로 성장하면서 구독경제의 규모도 커질 것으로 예상된다.

구독경제 형태로 비즈니스를 하지 않던 기업도 구독경제 서비스

구독경제 서비스의 대부분은 개별 고객의 니즈에 대한 정확한 분석을 바탕으로 정교한 맞춤형 서비스를 제공하는 것이 성공의 열쇠이다.

형태를 병행하거나 구독경제 서비스로 전환할 유인이 있다고 생각된다. 특히 현재 제조회사는 제품을 제조하고 판매는 유통망에 넘기는 형태가 보통이다. 그건 제조회사는 유통과 판매에 전문지식과 역량이 없어서 전문 유통망에 판매를 맡기는 것이 나았기 때문이다. 그런데 이제는 온라인 유통이 일반화됐고 고객의 니즈나 주문을 온라인으로 세세하게 수집하는 것이 가능해졌다.

이제 제조회사는 판매 노하우나 전문성이 없어도 직접 제품을 판매할 수 있게 됐다. 특히 자체 물류망을 갖출 필요 없이 기존의 택배회사를 이용하면 개별 고객에게 제품을 전달하는 것도 가능해졌다. 어느 정도 브랜드 파워가 있다면 자사의 제품을 정기 배송 형태로 구독경제 서비스화할 수 있다. 질레트 모델은 제조회사가 원가의 이점이 있고 유통 마진을 고객과 나누는 형태가 되면서 더 큰 이익을 얻게 됐다. 제조회사 중 이를 고려하는 회사가 앞으로 증가할 것으로 예상된다.

구독경제 서비스가 성장하고 성공하기 위해서는 결국 고객을 만족시켜야 한다. 앞에서 설명했듯이 구독경제 서비스의 대부분은 개별 고객의 니즈에 대한 정확한 분석을 바탕으로 정교한 맞춤형 서비스를 제공하는 것이 성공의 열쇠이다. 따라서 앞으로 구독경제 서비스는 고객 데이터의 정확한 분석 능력이 필수가 될 것이다. 그러기 위해서는 우선 고객의 데이터를 수집하고 분석할 수 있는 기술이 중요하다. 예를 들면 스마트폰이나 사물인터넷 기기를 사용해서 고객에 대한 정확한 데이터를 수집할 수 있는 능력과 수집된 대량의 고객 데이터를 분석해서 정교한 맞춤형 서비스를 제공할 수 있는 인공지능 기술이 더욱 중요해질 것이다.

구독경제는 매우 다양한 비즈니스를 묶어서 한꺼번에 부르는 용어이다. 따라서 구독경제라는 테두리 안에 존재하는 비즈니스도 그 성격에 따라 작동원리와 전략이 다르다. 독자들은 개별 비즈니스의 특징을 이해하고 전략을 수립할 필요가 있다.

구독경제의 유형별 작동원리가 다르다

구독경제의 비즈니스는 어떻게 작동할까? 구독경제에 속하는 비즈니스도 기본적인 비즈니스 원리를 벗어날 수는 없다. 어떤 종류의 비즈니스 혹은 기업에도 해당하는 공통적인 비즈니스의 원리로서 '기업의 생존부등식[21]'을 들 수 있다. 기업의 생존부등식은 아래와 같이 표시된다. 기업이 생존하기 위한 아주 간단한 원리를 보여준다.

가치V 〉 가격P 〉 원가C

즉 기업이 판매하는 제품과 서비스의 가격$P_{, price}$은 그 제품과 서비스를 제공하는 데 들어가는 원가$C_{, cost}$보다 높아야 손실이 나지 않는다. 그리고 다시 그 가격은 그 제품과 서비스의 가치$V_{, value}$보다 낮아야 고객들이 구매한다는 원리이다. 이 생존부등식은 너무나 당연한 것으로 생각될 수 있다. 하지만 실제 비즈니스를 하다 보면 다른 것들에 정신이 팔려서 종종 잊는 듯하다. 이 생존부등식에 추가해 '경쟁'이라는 요소도 고려해야 한다. 경쟁에 따라서 가격을 어쩔 수 없이 내려야 하는 경우가 생길 수도 있다. 또한 고객이 느끼는 상대적인 가치도 영향을 받을 수 있다.

어쨌든 이 생존부등식은 유형별 구독경제의 작동원리가 어떻게 다르고 어떤 전략이 효과적인지를 설명하는 데 매우 유용하다. 일반적인 비즈니스에서는 이 생존부등식에서 가격을 다양한 형태로 결정할 수 있다. 시간이나 상황에 따라 가격을 자주 올리거나 내릴 수 있을 뿐만 아니라 개별 고객에 따라 가격을 다르게 매길 수도 있다. 물론 구독경제에서도 고객이 지급하는 일정 금액(구독료)을 할인해주거나 다양한 가격정책을 적용할 수도 있다.

하지만 일정 금액을 지급하고 제품과 서비스를 소비하는 것이 구독경제의 장점이며 특징이다. 가격을 매우 다양하게 하거나 자주 바꾸기는 어렵다. 즉 구독경제에서는 가격정책이 전통적인 서비스와 다르게 고정적이다. 따라서 구독경제 서비스의 전략을 수립할 때는 가치와 원가 쪽을 집중적으로 분석할 필요가 있다.

구독경제 서비스는 어떻게 분류할 수 있을까? 필자들은 구독경제 서비스를 크게 네 가지로 분류한다. 첫째, 넷플릭스 모델. 둘째, 무비패스 모델. 셋째, 질레트 모델. 넷째, 렌탈 모델. 유형별 특징은 다음과 같다. 먼저 넷플릭스 모델을 살펴보자. 넷플릭스는 디지털 콘텐츠를 제공한다. 모두 알고 있듯이 콘텐츠 스트리밍 회사이다. 넷플릭스의 서비스는 일정액을 내면 디지털 콘텐츠를 무제한 사용할 수 있다는 것이 특징이다. 우리나라 IPTV, 유튜브, 밀리의 서재 등이 모두 여기에 해당한다고 할 수 있다.

앞에서 언급했듯이 디지털 콘텐츠의 특징은 서비스에 따른 변동비variable cost가 크지 않다는 것이다. 디지털 콘텐츠를 확보하기 위한 비용인 로열티나 제작비는 매우 크지만 일단 만들어진 디지털 콘텐츠를 추가 고객에게 제공하는 비용인 변동비는 적다. 그래서 구독자가 늘어나도 원가가 비례해서 늘어나지는 않는다. 예를 들어 100만 명의 고객에게 디지털 콘텐츠를 제공하는 비용은 10만 명의 고객에게 제공하는 비용의 10배보다 훨씬 적다는 것이다. 고정비와 비교해 변동비가 미미해서 100만 명의 고객을 서비스하는 비용과 10만 명을 서비스하는 비용이 거의 같은 경우도 많다. 그러다 보니 디지털

넷플릭스 모델은 일정액을 내면 디지털 콘텐츠를 무제한 사용할 수 있다.

콘텐츠를 제공하는 넷플릭스 모델에서는 추가 고객을 확보하는 것이 바로 이익으로 직결된다. 넷플릭스, 디즈니플러스, IPTV와 같은 넷플릭스 모델의 구독경제 서비스가 고객을 확보하는 데 사활을 거는 이유다.

그런데 이러한 설명은 콘텐츠 확보 비용이 고정비로 지출될 때만 해당한다는 것이다. 반대의 예로서 콘텐츠에 대한 로열티를 고객이 사용하는 횟수에 비례해서 지급하기로 했다면 넷플릭스 모델이 아니라 무비패스 모델에 가깝다. 넷플릭스 모델의 핵심은 고정비를 지출해서 디지털 콘텐츠를 이미 확보했기 때문에 변동비가 아주 적다는 것이다.

가치 측면에서 살펴보자. 넷플릭스처럼 디지털 콘텐츠를 구독하는 고객은 다양한 콘텐츠를 제한 없이 볼 수 있다는 것이 가장 큰 가치이다. 따라서 당연히 콘텐츠가 풍부한 서비스를 선호한다. 현재는 넷플릭스나 다른 경쟁 서비스에서 제공하는 콘텐츠의 대부분은 외부의 영화사나 방송사에서 제작한 콘텐츠이다. 영화사나 방송사는 구독경제 서비스를 제공하는 회사가 엄청나게 좋은 조건을 제시하지 않는 한 자사의 콘텐츠를 한 회사에만 독점적으로 제공할 유인이 별로 없다. 그러다 보니 많은 콘텐츠가 대부분의 콘텐츠 제공 회사에 공통으로 제공된다. 다시 말해 대부분의 구독경제 서비스 회사가 외부 콘텐츠를 공통으로 제공하기 때문에 차별점이 별로 없다.

만일 어떤 구독경제 서비스 회사가 직접 자체 콘텐츠를 제작해서 다른 경쟁 서비스에는 없는 풍부한 독점 콘텐츠를 확보하게 된다면 매우 강력한 무기가 될 수 있다. 이 전략이 매우 익숙하게 들릴 것이다. 넷플릭스가 「하우스 오브 카드」나 「오징어 게임」과 같이 넷플릭스 독점Netflix Originals 콘텐츠에 투자하는 것도 이와 같은 차별화된 콘텐츠를 확보하기 위한 전략으로 보면 된다. 디즈니가 콘텐츠 서비스

넷플릭스 추천 화면

(출처: https://www.netflix.com/)

에 진출하자 넷플릭스가 크게 긴장했다. 디즈니에는 지난 수십 년간 축적된 독점 콘텐츠가 많기 때문이다. 넷플릭스 모델에서는 콘텐츠 확보가 중요하기 때문에 주요 콘텐츠 제작사와 전략적 제휴나 독점 계약 등이 효과적인 경쟁 무기로 사용될 수 있다. 물론 이렇게 확보한 콘텐츠가 고객이 추가 가격을 지불하고 볼 정도로 매력적이어야 한다.

또한 넷플릭스 모델에서는 맞춤형 큐레이션 서비스도 큰 가치 중의 하나이다. 디지털 콘텐츠의 특징 중 하나는 종류가 너무 많고 취향이 다 달라서 고객이 자신에게 맞는 콘텐츠를 찾기 쉽지 않다는 것이다. 그래서 넷플릭스와 같은 콘텐츠 서비스 회사는 오래전부터 고객에게 맞춤형 추천(큐레이션) 서비스를 제공해왔다. 이러한 추천 서비스가 정확하면 고객은 쉽게 자신이 좋아하는 콘텐츠를 소비할 수 있게 된다. 그럼 콘텐츠의 소비도 늘어나고 만족도도 올라간다. 넷플릭스 모델의 구독경제 서비스에서는 고객의 데이터를 바탕으로 정확한 추천 서비스를 제공하는 것이 서비스의 가치를 올려서 경쟁력을 확보하는 전략이 된다.

두 번째 모델은 무비패스 모델이다. 물리적인 제품과 서비스를 제공하는 모델이다. 무비패스 회사는 월 50달러 정도를 내면 집 주변의 영화관에서 매일 영화를 1편씩 볼 수 있는 서비스를 가지고 비즈니스를 시작했다. 넷플릭스 모델과 다른 점은 서비스되는 대상이 물리적인 영화관 시설이라는 점이다. 넷플릭스에서 보나 영화관에서 보나 영화를 본다는 점에서는 같다. 하지만 넷플릭스는 소비 대상이 디지털 콘텐츠인 데 반해 무비패스는 콘텐츠와 더불어 영화관이라는 물리적인 시설이라는 점에서 매우 다른 모델이다. 앞에서 언급한 데일리샷도 물리적인 술을 소비한다는 점에서 무비패스 모델에 속한다고 할 수 있다. 최근에 성장하는 구독 형태의 세탁 서비스도 물리적인 서비스를 제공한다는 점에서 무비패스 모델이라고 할 수 있다.

무비패스 모델은 서비스 대상이 제품인 경우와 시설인 경우로 나누어 생각해볼 수 있다. 제품의 경우 물리적인 제품의 특성상 한 명의 고객에게 서비스를 제공하는 데 추가로 들어가는 비용인 변동비가 상당하다. 또한 사용량에 비례해서 발생하기 때문에 무비패스 모델은 비용 측면을 철저히 분석해보아야 한다. 서비스 가격이 고객을 서비스하는 데 들어가는 변동비보다 커야 이익을 낼 수 있기 때문이다.

무비패스 모델의 가격 책정이 어려운 것은 고객이 실제로 몇 번이

무비패스는 초기에 40~50달러에 무제한 영화 제공을 선보였다가 2017년 8월에 9.95달러에 무제한 영화 관람이 가능하도록 했다가 연간 약정일 때 월 7.95달러까지 낮추었고 다시 월 6.95달러까지 낮추었다.

나 사용할지를 예상하기가 쉽지 않기 때문이다. 구독경제 서비스로 전환할 때는 기존 고객의 평균 서비스 사용 횟수를 추정치로 사용해야 한다. 그러나 서비스받을 때마다 돈을 내는 경우의 소비 패턴과 횟수 제한 없이 사용할 때의 소비 패턴은 아주 다르다. 따라서 이러한 추정이 정확하다는 보장이 없다. 만일 구독경제 서비스의 가격을 너무 낮게 책정하면 비용이 수입을 초과하는 경우가 생길 수 있다.

반대로 가격을 너무 높게 책정하면 고객으로서는, 특히 자주 서비스를 사용하지 않는 고객으로서는 사용할 이유가 없게 된다. 따라서 물리적인 제품을 서비스하는 무비패스 모델은 정교한 가격정책이 매우 중요하다.

시설의 경우는 조금 다르다. 만일 어떤 회사가 영화관이나 놀이공원 같은 시설을 소유하고 있고 현재 해당 시설의 가동률이 낮다면 구독경제 서비스로 전환해서 가동률을 높이는 것은 좋은 전략이 될 수 있다. 시설은 제품과 달리 고객이 늘어도 추가 비용이 크게 늘지 않는다. 따라서 단가를 낮추더라도 고객 수가 더 늘어난다면 전체적으로 이익이다. 또한 서비스를 낮은 가격에 제공하더라도 고객이 늘어나면 팝콘, 음료수, 아이스크림 등의 판매로 부가 수입을 얻을 수 있다. 그러나 시설을 소유하지 않으면서 사용 횟수에 비례해서 비용을 지급할 때는 효과가 없다. 무비패스가 실패한 이유이다.

무비패스는 고객이 월 일정 금액을 내고 영화관에서 영화를 무료로 관람한다. 그러면 무비패스는 영화관에 자사의 고객이 이용한 횟수에 비례해서 비용을 지급하는 것이다. 2011년에 서비스를 처음 시작했을 때는 월 50달러에 매일 영화 1편을 볼 수 있는 서비스였는데 가격을 점점 낮춰서 2017년에는 월 9.95달러까지 내렸고 나중에는 6.95달러까지 내렸다. 그러자 무비패스 고객이 급격하게 늘게 됐고 영화관에 지급하는 돈도 비례해 급격하게 늘면서 큰 적자를 보게 됐다. 특히 무비패스의 초기 분석에서는 월 9.95달러의 구독료를 낼 때 고객당 평균 월 1회의 영화를 볼 것으로 예상했다. 그런데 실제로

무비패스 서비스 중단 공지

(출처: 무비패스 홈페이지)

는 고객들이 그보다 훨씬 더 많은 영화를 보았다. 미국의 영화표 값이 평균 10달러 남짓이기 때문에 고객이 한 달에 영화 1편만 봐도 적자가 나는 구조였다.

무비패스는 적자를 견디지 못해 2018년에 신규 고객의 가입을 중단했고 기존 고객도 1일 1편에서 월 3편의 영화만 볼 수 있게 가격정책을 수정했다. 그러자 고객들이 무더기로 구독을 취소했다. 결국 2019년에 문을 닫고 말았다. 물리적인 제품이나 시설을 대상으로 하는 무비패스 모델은 가격정책을 잘 세우지 않으면 실패하기 쉽다.

가치 측면에서 살펴보자. 무비패스 모델은 넷플릭스 모델과 동일하게 제품이나 서비스를 여러 번 소비할 수 있다는 점, 즉 '가성비'가 가치라는 점에서 비슷하게 보일 수도 있다. 그러나 앞에서 설명했듯이 물리적인 제품은 사용량에 비례해서 비용이 든다는 점에서 결정적인 차이가 있다. 고객이 가성비를 느낄 가격을 제시할 수 있으려면 회사가 제조 혹은 서비스 시설을 소유하거나 낮은 가격으로 제품이나 서비스를 제공해줄 파트너 회사를 잘 섭외해야 한다. 시설을 제공하는 서비스일 때는 단품 서비스의 가격을 매우 높게 책정해서 고객이 정기구독경제 서비스가 싸다고 느끼게 하는 것이 또 다른 전략이 될 수 있다.

헬스장이 대표적인 예이다. 앞에서 설명했듯이 시설을 소유했을 때는 가동률을 높이는 것이 이익이다. 헬스장도 고객이 한 달에 1번을 오거나 10번을 오거나 들어가는 비용에는 큰 차이가 없다. 따라서 1회 사용권이나 1개월 회원권 가격을 비싸게 매겨서 1년 장기 회원권을 사도록 유도하는 것이 이익이다. 1개월 회원권은 10만 원인데 1년 회원권은 30만 원 하는 이유다. 이 경우에도 당연히 고객의 소비 패턴에 따른 비용 분석을 통해 가격정책을 잘 수립해야 할 것이다.

세 번째는 질레트 모델이다. 소모품 정기 배송이다. 질레트는 면도기 회사이지만 이익의 주요 원천은 면도날 판매다. 질레트는 자사의 면도날을 유통망을 통해서 판매하기도 하지만 고객이 일정 금액을 내면 정기 배송하는 서비스도 제공하고 있다. 소모품을 정기 배송하는 구독경제 서비스를 질레트 모델이라고 부르기도 한다. 앞에서 언급한 프릳츠도 여기에 해당한다고 볼 수 있다.

이 모델의 원가 측면을 살펴보자. 무비패스 모델처럼 대상이 물리적인 제품이다. 차이점은 무비패스 모델의 대상은 영화관람과 같이

질레트 면도날 구독경제 서비스 광고

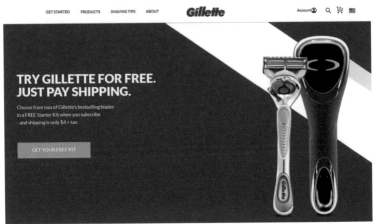

(출처:질레트 홈페이지)

소비량이 가변적인 데 반해 질레트 모델은 면도날이나 커피와 같이 상대적으로 소비량이 일정한 소모품을 대상으로 한다는 것이다. 질레트 모델은 무비패스 모델처럼 사용량에 비례해서 비용이 든다는 점은 같지만 그 사용량이 안정적이고 비교적 정확한 예측이 가능하다는 점은 다르다. 질레트 모델은 고객이 마트에서 살 수도 있는 제품을 소비 주기에 맞춰 배송해주는 일종의 직접 유통이라고 볼 수 있다. 유통 마진을 서비스 회사와 고객이 나누어 가지면서 서로 이익을 보는 셈이다. 여기에 더해서 만일 서비스 회사가 직접 제조시설을 갖추고 낮은 원가로 제품을 제조할 수 있다면 싼 가격으로 제품을 제공하고도 큰 이익을 낼 수 있어서 경쟁에서 유리하다. 질레트와 같은 제조회사가 이 구독모델을 오래전부터 활용하는 이유이다.

그럼 고객이 질레트 모델에서 어떤 가치를 얻을까? 싼 가격(가성비) 외에 필요할 때마다 배송해준다는 편리함이 있다. 또한 기호 식품일 때는 고객이 좋아하는 제품을 정확히 맞춤형으로 배송해주고 때에 따라서는 다양한 종류를 소비해볼 수 있는 것도 장점이다. 커피 원두 구독경제 서비스를 예로 들어보자. 커피 구독경제 서비스에 가입하면 좋아하는 커피를 정기적으로(예를 들어 2주일에 1번) 배송해줄 것이다. 이때 고객은 좋아하는 커피를 지정해놓고 그것만 받을 수도 있다. 하지만 많은 고객이 새로운 커피를 시도하고 싶어한다.

그럴 때 회사에서 고객이 좋아할 만한 커피를 선정해서 배송한다. 이때 보내준 새로운 커피가 고객의 취향이라면 만족하겠지만 그렇지 않다면 다음 배송까지 불만일 것이다. 이런 불만족 경험이 한 번이 아니고 여러 번 계속되면 아마 많은 고객이 구독을 취소하고 직접 커피를 구매하려 할 것이다.

배송량도 마찬가지이다. 면도날이나 커피처럼 소비량이 일정한 소모품이라도 실제로는 소비량에 변동이 있다. 예를 들어서 커피는 여행을 가는 바람에 남거나 손님이 많이 와서 모자라는 경우가 있을 수 있다. 그럴 때 고객이 직접 주문량을 조정하도록 할 수도 있을 것이다. 그렇지만 빈번히 주문량을 바꿀 것이라면 차라리 구독경제 서비스를 취소하고 온라인으로 매번 구매하는 것이 낫다는 생각이 들 것이다.

소모품을 정기 배송하는 질레트 모델이 고객에게 새로운 가치를 제공하려면 세 가지 필요하다. 첫째, 가격이 월등히 싸다. 둘째, 고객의 취향에 정확히 맞는 제품을 제공한다. 셋째, 고객의 소비량에 맞추어서 배송량을 정확히 조절할 수 있어야 한다. 그중에서 하나만 제대로 해도 고객이 가치를 느끼고 구독경제 서비스를 계속 이용할 것이다. 하지만 단순히 소모품을 정기 배송한다는 것만으로는 고객에게 새로운 가치를 제공하기 어려울 것이다.

질레트 모델 중에서 독특한 것이 신선 식품 배송이다. 신선 식품은 시간이 지나면 가치가 없어져 폐기해야 한다. 그러나 구독경제 서비스를 통해서 안정적인 수요를 확보할 수 있다면 가격을 좀 낮춰도 폐기 상품이 줄어들어 이익을 낼 수 있다. 고객은 본인이 직접 마트에서 구매하는 것보다 가격이 싸기 때문에 이익이다. 즉 신선 식품은 제품의 특성상 구독모델을 적용함으로써 생산자와 고객 모두 이익을 볼 여지가 있다. 우유, 요구르트, 녹즙, 반찬 등이 일찍이 구독 형태로 제공돼온 이유다.

마지막으로 내구재를 대여하는 렌탈 모델이다. 이미 정수기나 자동차를 렌탈로 사용하는 사람이 많아서 잘 알려진 비즈니스 형태이다. 일정액의 사용료를 내고 일정 기간 제품을 사용한다는 점에서 렌탈도 일종의 구독경제 서비스라고 할 수 있다. 요즘에는 매트리스나 자동차 타이어 등을 렌탈해주는 서비스도 등장했다. 또한 자동차 리스도 일정 비용을 지불하고 자동차를 일정 기간 사용한다는 측면에서 렌탈 모델이라고 할 수 있다. 앞에서 언급한 오픈 갤러리도 대상은 미술품이지만 일정 금액을 내고 내구재를 사용한다는 점에서 구독경제 서비스라고 할 수 있다.

렌탈 모델의 원가 측면을 살펴보자. 렌탈 모델도 물리적인 제품을 제공하는 것이기 때문에 사용량에 비례해서 변동비가 발생한다. 그러나 제공하는 제품 수량은 미리 정해져 있고 수량에 비례해서 돈을 받기 때문에 원가관리가 복잡하지는 않다. 물론 다른 조건이 동일하다면 경쟁 회사보다 월등히 원가가 싼 회사가 경쟁우위를 갖는 것은 당연하다. 그러나 원가에 큰 차이가 없다면 렌탈일 때는 제품과 결합돼 제공되는 서비스가 더 중요할 때가 많다.

예를 들어서 복사기 렌탈 고객은 제품 자체의 브랜드나 렌탈비도 고려하지만 고장이 났을 때 얼마나 신속하게 해결해주는지가 더 중요한 의사결정 기준일 때가 많다. 정수기는 고장의 신속한 조치 외에도 정기적인 필터 교환과 청소 등의 서비스 제공에서 얼마나 친절하고 시간을 잘 지키며 필터 교환과 청소를 얼마나 철저하게 하는가 등이 중요한 요인인 경우가 많다. 렌탈 모델은 제품의 브랜드나 가격도 중요하지만 부수적인 서비스도 고객의 만족도와 의사결정에 상당한 영향을 줘 서비스 비즈니스의 성격이 강하다. 따라서 렌탈 모델은 제품 자체의 품질과 원가 경쟁력도 중요하지만 서비스의 품질과 원가 경쟁력도 중요하다는 특징이 있다.

렌탈 모델의 가치 측면을 살펴보자. 고객이 렌탈 서비스를 사용하는 이유는 편리성과 더불어 부가 서비스 때문이다. 렌탈을 이용하면 제품의 유지보수 관련 서비스가 같이 제공되고 중고 제품의 처분도 대행해준다. 사람들이 자동차를 구매하는 대신에 리스하는 것은 유지보수, 보험, 중고차로 판매하는 등의 불편함 없이 늘 새 차를 탈 수 있기 때문이다. 그래서 비싸더라도 리스하는 경우가 많다. 정수기나

오픈 갤러리는 미술품을 렌탈해주는 회사이다. (출처: 오픈갤러리 페이스북)

복사기도 마찬가지이다. 최근에 등장한 미술품 대여 등은 새로운 미술품을 정기적으로 교환해주는 서비스와 자신의 집이나 사무실에 어울리는 미술품을 추천해주는 큐레이션 서비스를 한다. 단순히 미술품을 대여해주는 것이 아니라 미술품이 위치할 고객의 집이나 사무실을 방문해서 구조와 인테리어 등을 고려해 적절한 미술품을 추천해주는 서비스가 중요한 가치 중 하나라고 할 수 있다.

렌탈 모델은 서비스가 중요한 비즈니스이다. 미술품 대여와 같이 표준화되지 않은 다양한 제품의 렌탈은 고객에게 맞춤형 제품을 제공하는 큐레이션 능력도 중요하다고 할 수 있다.

플랫폼과 구독경제는 디지털 기술의 발전으로 크게 성장하는 비즈니스라 할 수 있다. 디지털 리더는 디지털 기술의 발전으로 실현 가능성이 높아지는 비즈니스는 무엇이 있을지 끊임없이 관찰하고 고민할 필요가 있다. 그래야만 경쟁자보다 더 빨리 비즈니스 기회를 포착할 수 있을 것이다.

2부

디지털 리더십과 비즈니스 실행력

3장

디지털 역량을 키우기 위한 리더십

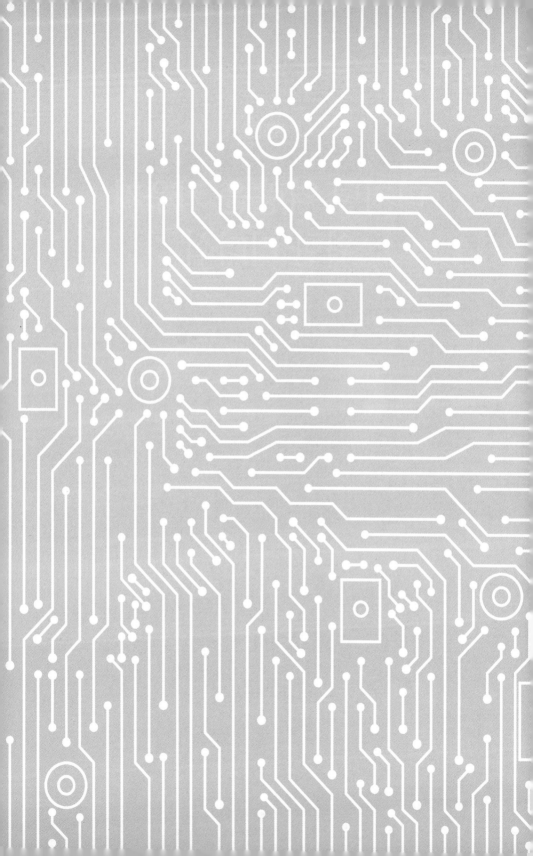

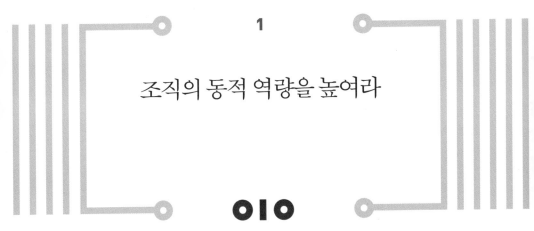

1

조직의 동적 역량을 높여라

지금까지 다양한 산업 분야의 사례를 통해 많은 기업이 디지털 기술을 활용해 전통적인 비즈니스 모델을 혁신하는 디지털 트랜스포메이션을 도모하고 있으며 일부 산업에서는 정보의 가치가 물리적인 가치를 추월하는 디지털 크로싱에 진입했음을 확인했다.

그렇게 디지털 기술의 영향력이 확대되면서 기존 기업들은 다변화된 경쟁 상황에 직면했다. 발전된 디지털 기술로 재무장한 기존 산업의 경쟁자들뿐만 아니라 태생부터 디지털 역량을 개발하는 데 집중해왔던 새로운 시장 진입자들까지 동시에 치열한 경쟁에 뛰어들고 있기 때문이다.

전통 산업의 경계가 허물어지고 기존 경쟁우위와 핵심역량의 가치가 빠르게 사라지고 있다. 그러면서 기업들이 변화의 방향성을 정확하게 예측하는 것이 어려워졌다. 기업 환경의 모호함과 불확실성이 급격하게 증가하는 디지털 트랜스포메이션의 시대를 선도하기 위해서는 기업 내외의 기술, 자원, 능력을 적절하게 통합하고 재구성하는 동적 역량dynamic capability을 개발해야 한다.

인스타그램은 기술적인 복잡성을 포기하고 고객의 목소리에 집중함으로써 비즈니스 모델을 완벽하게 변화시킬 수 있었고 전 세계인의 마음을 사로잡을 수 있었다. 동적 역량의 필요성을 보여준 대표적인 사례이다. 세계에서 가장 많은 활성 사용자active user 수를 보유한 사회연결망 서비스인 인스타그램을 모르는 사람은 아마 거의 없을 것이다. 하지만 인스타그램의 전신이라고 할 수 있는 버번Burbn은 훨씬 더 다양한 기능을 탑재하고 있었어도 세간의 큰 주목을 받지 못했다.

버번과 위스키를 좋아했던 케빈 시스트롬Kevin Systrom은 아이폰의 위치 기반 기술을 활용해 좋은 술집과 레스토랑을 방문해 사진을 찍어 공유하고 다른 사용자들과의 만남을 공유할 수 있는 앱을 개발했다. 그는 자신이 좋아하는 술의 이름을 딴 앱을 통해 사용자들이 마음에 드는 음식점에 편하게 방문할 수 있도록 예약이나 체크인 등 다양한 기능을 제공했다. 하지만 버번의 그러한 노력은 큰 성공을 거두지 못했다. 사용자들은 버번이 제공하는 다양한 기능이 복잡하다고 생각했기 때문이다. 계속되는 기술 개발에도 불구하고 사용자들의 관심은 점차 시들어갔다. 투자자들도 더 이상 가망이 없다고 생각하기에 이르렀다.

버번과 인스타그램

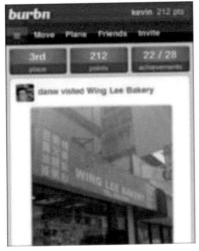

실패를 목전에 둔 버번의 창업자들은 실제 사용자들의 사용 패턴을 분석해보기로 마음먹었다. 그 결과 사용자들은 복잡한 예약 시스템이 아닌 사진 공유 기능에 매료돼 있음을 파악하게 됐다. 버번의 개발자들은 사용자들의 행동 패턴에서 새로운 혁신의 기회를 발견한 것이다. 그들은 오랜 시간 공들여 개발한 복잡한 기능들을 전부 포기하고 사진 공유 기능에만 집중하는 인스타그램이라는 새로운 앱을 개발하게 됐다. 결국 핵심적인 기능에서부터 앱의 이름까지 모든 것을 다 바꾼 후에야 비로소 사용자들의 마음을 사로잡을 수 있었다. 인스타그램은 창업한 지 3년이 채 되지 않는 해에 10억 달러에 페이스북에 인수됐다.

그렇다면 동적 역량의 구성요소는 무엇이고 확보하기 위해서는

동적 역량의 구성 요소

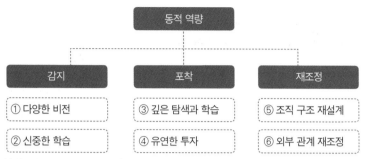

(출처: Day, G. S., & Schoemaker, P. J. H. 2016. Adapting to fast-changing markets and technologies. California Management Review, 58(4): 59-77.)

어떠한 노력을 기울여야 하는가? 경영 전략 분야의 대가인 조지 데이George Day 교수와 폴 슈메이커Paul Schoemaker 교수에 의하면 동적 역량은 감지sensing, 포착seizing, 재조정transforming의 세 가지 구성요소로 이루어져 있다.

첫 번째 감지 역량은 기회와 위협을 남들보다 빠르고 정확하게 파악할 수 있는 역량을 의미한다. 디지털 트랜스포메이션의 시대에 외부 환경의 변화에 따른 기회와 위협을 감지하기 위해서는 다양한 비전을 바탕으로 폭넓은 탐색을 하며 언제든지 변화할 가능성을 염두에 둔 신중한 학습을 해야 한다. 두 번째 포착 역량은 잠재적인 위협을 회피하면서도 기회를 놓치지 않는 데 필요한 역량을 의미한다. 위험을 줄이고 기회를 포착하기 위해서는 실패에 대한 두려움을 넘어 깊은 탐색과 학습을 도모해야 하며 리얼 옵션을 활용한 유연한 투자를 시도해야 한다. 마지막으로 재조정 역량은 조직 내외부를 변화시킴으로써 앞선 두 역량을 통해 창출한 비즈니스 기회의 잠재적 가치를 최대한 실현하는 데 필요한 실행력을 의미한다. 혁신을 통해 창출된 가치를 최대한 실현하기 위해서는 조직 구조 재설계를 통해 혁신의 산실을 보호해야 하며 외부 관계 재조정을 통해 협력적인 파트너십을 구축해야 한다.

어떻게 동적 역량을 키울 것인가

감지 역량
: 약한 시그널을 통해 위기와 기회를 파악하라

감지 역량은 경쟁자들보다 빠르고 정확하게 위기와 기회를 파악할 수 있는 탐색 역량이다. 감지 역량이 뛰어난 조직들은 시장 환경이 급변하고 경쟁자들의 행동을 예측하기가 어려운 상황에서도 더 잘 적응해나갈 수 있다. 이러한 감지 역량을 확보하기 위해서는 고객의 잠재적 니즈를 끊임없이 탐색해야 한다. 또한 다양한 영역의 관련 기술에 대한 탐색적인 투자를 감행함으로써 혁신 생태계의 주변부까지 항상 예의주시해야 한다. 즉 감지 역량을 확보하기 위해서는 현재 비즈니스 영역의 주변부에 존재하는 약한 시그널까지도 파악할 수 있는 다양한 비전과 작은 환경 변화에서도 그 본질적인 의미를 파악하고 해석하고자 경계를 늦추지 않는 신중한 학습이 필요하다.

리더라면 위기와 기회를 경쟁자들보다 더 빠르고 정확하게 인식하는 감지 역량의 중요성을 알고 있을 것이다. 하지만 모든 조직이 감지 역량을 확보한 것은 아니다. 어떤 리더들은 자신의 의도와는 반대로 오히려 조직의 탐색 활동을 방해하기도 한다. 예컨대 리더가 소위 핫한 트렌드를 뒤쫓는 데만 혈안이 돼 있다면 역설적으로 조직의 감지 역량을 배양하는 데 방해가 될 수 있다. 모두가 쉽게 관찰할 수 있는 핫한 현상에 관심을 두는 것만으로는 경쟁자들과의 격차를 만들어낼 수 없기 때문이다. 오히려 남들이 좋다고 하는 것은 다 따라 해야 하는 상황에 내몰릴수록 조직의 구성원들은 방향을 잃기 십상이다. 요컨대 감지 역량을 확보하기 위해서는 선두 주자를 빠르게 뒤쫓는 것이 아니라 스스로 선두 주자가 되기 위해 노력해야 한다.

또한 조직의 감지 역량을 배양하기 위해 계속해서 새로운 정보를 수집하는 데 몰두하는 것도 부작용을 일으킬 수도 있다는 것을 명심해야 한다. 조직의 감지 역량이 뒤처지는 것이 새로운 정보가 부족하기 때문이라고 생각할 수 있다. 하지만 현재 많은 조직의 구성원은 과거 정보의 절대량 자체가 부족했던 것과 달리 오히려 과도한 정보량에 압도돼 있다. 누가 새로운 디지털 기술 정보에 더 빠르게 접근할 수 있는지가 아니라 누가 더 먼저 시장의 작은 변화에 주의를 기울이는지가 중요해지고 있다. 그런 상황에서 계속해서 새로운 정보를 수집하는 데만 몰두하는 것은 잘못된 접근 방식일 수 있다.

게다가 실질적인 성과를 내기까지 오랜 시간이 걸리는 새로운 기술의 장밋빛 미래만 뒤쫓다가는 지금 당장 필요한 조치를 제때 취하지 못하게 될 수도 있다. 때론 새로운 기술이 아니라 이미 널리 알려진 기술을 새롭게 조합함으로써 시장의 변화를 끌어낼 수도 있다. 따라서 디지털 리더들은 감지 역량을 배양하는 것과 새로운 정보를 무작정 수집하는 것을 구분할 수 있어야 한다.

마지막으로 리더들은 최고의 전문가를 찾으면 확실한 답을 구할 수 있으리라는 환상에서 벗어나야 한다. 디지털 트랜스포메이션으로 인해 촉발되는 변화는 단순히 기술적인 복잡성이 증가하는 것을 넘어선다. 전통적인 산업의 경계가 변화하고 있는데다가 디지털 기술을 최대한 활용하기 위해서는 기존의 비즈니스 모델을 완전히 뒤엎는 노력이 수반될 수도 있기 때문이다. 따라서 현재 많은 리더가 최고 전문가를 찾기 위해 혈안이 돼 있다. 일부 리더들은 스스로가 혼란의 시기를 밝혀줄 구원자가 되기를 희망하고 있다. 하지만 기술 환경이 불확실해지고 혁신 과정에 참여하는 주체들이 다양화된 만큼 디지털 리더들은 더는 한 명의 최고 전문가에게 모든 것을 의존할 수 없게 됐다.

과거의 안정적인 환경에 비해 혁신의 방향성이 불확실해지고 전문성이 분산화된 만큼 리더들은 개인의 역량에 의존하기보다는 조직적인 차원의 탐색 역량을 향상시키는 것에 주목해야 한다. 그리고 동적 역량을 개발하기 위한 첫걸음은 그동안 미처 주목하지 못했던 주변부에 관심을 기울이는 것으로 시작해야 한다. 결국 한발이라도 더 앞서 나가기 위해서는 경쟁자들이 미처 인식하지 못한 잠재적인 기회를 미리 파악해야 한다. 그렇게 약한 시그널에도 주의를 기울임으로써 새로운 위험 요소로부터 조직을 보호해야 하기 때문이다.

① 다양한 비전
 : 적절한 탐색 범위를 설정하고 주의를 기울여 살펴보라

정보화 시대가 시작되면서 접근 가능한 정보의 양이 기하급수적으로 늘어나게 됐다. 이제는 정보가 부족한 상황보다는 지나치게 많아 다 소화하지 못하는 상황이 돼버렸다. 과거에는 우물 앞에 줄을 서서 단물과도 같은 정보 한 모금을 기다렸을지도 모른다. 하지만 과거와 달리 현재 디지털 리더들은 망망대해와 같은 정보의 바다에서 보물찾기라도 해야 하는 난감한 상황에 빠졌다. 하루가 멀다고 엄청난 양의 새로운 정보가 쏟아지고 있다. 디지털 리더들은 오히려 지나치게 많은 정보의 양에 압도돼 좀처럼 갈피를 잡지 못하고 있다.

새로운 트렌드가 부상할 때마다 한 모금씩 맛보다가는 어느새 정신이 아득해지는 상황이 올지도 모른다. 따라서 이제는 접근 가능한 정보의 총량을 늘리는 데 집중하기보다는 무엇에 주의를 집중할 것인가에 신경써야 한다. 경쟁자들이 미처 주목하지 못한 보물을 찾아내기 위해서는 온 바다를 누비기보다는 먼저 잊힌 보물선의 항로를 중심으로 그 주변부를 주의 깊게 살펴보아야 한다. 결국 탐색은 능동적으로 주의를 기울일 수 있는 적당한 범위를 설정하는 것에서부터 시작하기 때문이다. 예를 들어 디지털 기술의 도입을 고려 시 시장에 난무하고 있는 모든 디지털 기술에 대한 정보를 입수하는 데 급급하기보다 시장 개혁 전략과 연계하여 여러 기술 도메인에 집중할 것인지가 더 중요한 탐색 과제이다.

온갖 유행이란 유행은 전부 다 따라가려고 하다가 길을 잃지 않기

정보의 바다에 숨겨진 보물

위해서는 적절한 탐색 범위를 설정하고 좀 더 적극적이고 능동적으로 주의를 기울여 살펴봄으로써 점차 탐색의 범위를 넓혀가야 한다. 다양한 비전을 확보하기 위한 첫 번째 단추는 스코핑scoping이다. 스코핑은 얼마나 넓은 범위를 탐색할 것이고 어떠한 이슈를 우선 다룰 것인가에 대한 의사결정을 말한다. 디지털 리더들은 너무 넓은 범위의 영역을 탐색하려고 하다가 오히려 지나치게 많은 양의 시그널에 압도돼버리는 정보 과부하 상황에 빠지게 되거나 너무 좁은 영역에만 관심을 두어 결국 전체적인 그림의 중요한 골자를 놓쳐버리게 되는 양극단의 오류에 빠지지 않도록 항상 경계해야 한다.

양극단의 오류에 빠지지 않기 위해 디지털 리더들은 과거 경험의 사각지대를 재조명해보거나 다른 산업의 사례를 통해 학습 범위를 넓힐 수 있는 유비 추론을 시도해볼 수 있다. 또한 현재 자신의 눈앞에 있지만 미처 주의를 기울이지 못하는 사각지대에 중요한 이슈는 없는지 혹은 가치를 미처 다 파악하지 못하는 정보는 없는지 현상황을 재검토해볼 수도 있다. 실제로 과거의 많은 리더가 모든 일이 다 잘될 것이라고 자기 자신을 위로하면서 눈앞에 놓인 재앙의 징후를 무시하고 위기의 순간이 다가올 때까지 눈을 감아버렸고 큰 재앙을 가져오곤 했다.

따라서 현재를 재검토해보는 것만으로도 잠재적인 위기를 피하는 데 큰 도움이 될 것이다. 그뿐만 아니라 평균에서는 조금 벗어났지만 현재 데이터를 통해 확인 가능한 아웃라이어outlier나 이탈 고객을 통해서도 새로운 정보를 얻을 수 있을 것이다. 나아가 약한 시그널의 중요성을 극대화한 여러 시나리오를 통해 미래의 변화 방향성을 예측해보는 것도 시도해볼 만하다. 다만 이때 자신이 속한 조직에 유리한 특정 시나리오의 실현 가능성을 지나치게 확대 해석하지 않도록 반드시 주의해야 한다. 시나리오 분석의 핵심은 근시안적 학습을 방지하는 것이다. 근시안적인 학습이란 다양한 시그널의 울림을 무시한 채 현재 조직의 핵심 역량을 과신하는 것을 말한다. 따라서 다양한 시나리오를 동등한 비중으로 검토해야 시나리오 분석의 진정한 가치를 얻을 수 있다. 이는 대부분의 디지털 기술의 혁신적 활용 사례가 대기업이 아닌 강소기업이나 스타트업의 여러 탐색적 실험에서 도출되고 있다는 사실과도 맞닿아 있다.

다양한 비전을 확보하기 위한 두 번째 단계는 능동적이고 적극적으로 주위에 관심을 기울이는 스캐닝scanning이다. 이미 대부분의 디지털 리더들이 일상적으로 자신이 속한 산업과 인접 산업의 변화를 스캐닝하고 있을 것이다. 그렇다면 스캐닝을 통해 차별화된 경쟁력을 확보하기는 어려운 것인가? 결론부터 말하면 아니다. 보고서를 통해 이루어지는 일상적인 스캐닝은 자칫 능동적이기보다는 수동적일 수 있다. 수동적인 스캐닝은 탐색의 범위를 넓히는 데 기여하기보다는 기존에 정설로 받아들여지는 믿음을 강화하는 방향으로 이루어질 가능성이 더 크다. 반대로 능동적인 스캐닝은 기존의 믿음에 부합하지 않는 정보에도 관심을 기울인다. 이것은 감지 역량을 키우며 차별화된 경쟁력을 확보할 수 있게 한다.

능동적인 스캐닝을 위해서는 강렬한 호기심에서 출발해 세부적이고 주변적인 내용까지도 적극적으로 살펴볼 수 있는 집중력이 필요하다. 따라서 능동적인 스캐닝은 핵심적인 이슈와 관련된 조직 내외부의 다양한 관점들을 여러 가지 방법을 통해 비교 검증해보며 일종의 가설 검증의 형태를 띠게 된다. 적극적인 스캐닝은 보고서의 형식이나 세부적인 표현 방식 등을 면밀하게 검토하는 관리 감독 행위와는 엄연히 구분된다. 강렬한 호기심에서 출발하는 스캐닝은 현재의 믿음을 뒤집어보기 위한 비판적 재검토 행위라고 할 수 있기 때문이다.

② 신중한 학습
: 호기심과 경각심을 가지고 불완전한 정보를 통해 사고하라

신중한 학습을 통해 호기심과 경각심을 가지고 불완전한 정보를 통해 사고하는 것도 감지 역량을 키우는 데 중요하다. 다음의 그림은

위기와 기회의 양면성

보는 방법에 따라 여성의 얼굴로 보이기도 하고 색소폰을 연주하는 남성의 그림자로 보이기도 한다. 처음부터 두 이미지를 동시에 파악할 수 있는 사람이 있는 반면에 혹자는 둘 중 하나의 이미지를 지배적으로 파악할 수도 있을 것이다. 디지털 트랜스포메이션으로 인한 경영 환경의 변화 또한 이 그림처럼 보는 각도에 따라 위기로 다가올 수도 있고 기회로 느껴질 수도 있다. 게다가 위기와 기회의 구분은 변화하게 마련이다. 시간이 지남에 따라 위기가 기회가 되기도 하고 기회가 위기가 되기도 한다. 결국 위기나 기회 둘 중 하나로 확정 지을 수 없는 미래의 양면성을 균형 잡힌 시각에서 바라보기 위해서는 조직 내부의 다양한 목소리에 적극적인 관심을 기울이는 신중한 태도를 견지해야 한다. 내 눈에 편한 대로만 보게 되면 결국 디지털 트랜스포메이션에 수반되는 위기와 기회를 동시에 감지할 수 없기 때문이다.

　다양한 비전을 통해 외부 환경의 약한 시그널에 주의를 기울이게 됐다면 그다음은 그 시그널을 해석하기 위해 노력하고 호기심과 경각심을 가지고 신중하게 학습하는 단계로 넘어가야 한다. 완전한 정보가 아닌 불완전한 정보를 통해 사고해야 한다는 것은 어떻게 보면 디지털 리더들에게는 큰 부담으로 다가올 수 있다. 불확실성이 익숙하지 않은 리더들은 보고의 내용이 모호하다면 자신이 발 벗고 나서서 상황을 이해하기 위해 노력하기보다는 불확실한 정보를 가지고 온 담당자의 능력을 의심하기도 한다. 또한 불확실성을 새로운 학습의 기회로 삼기보다는 불확실성을 회피하기 위해 오직 검증된 방법만을 고수하기도 한다.

　하지만 비즈니스 환경의 불확실성이 높아질수록 리더들은 불확실성을 무시하거나 회피하기보다 불확실성을 통해 사고하는 방법을 익혀야 한다. 예컨대 디지털 리더들은 결과에만 집중하지 말고 변화 과정 자체에 관심을 두어야 하고, 즉흥적인 분석과 창의성의 가치를 중시하고, 새로운 정보와 다양한 관점을 포용할 수 있도록 노력해야 한다. 이미 실효성 검증이 완료된 정보만 활용하려고 하다가는 혁신을 주도하기는커녕 뒤처지게 된다. 디지털 리더들은 조직 구성원들이 시행착오를 통해 실패를 딛고 일어나는 과정에서 새로운 정보를 직접 생산할 수 있는 혁신가로 거듭나도록 지원해야 한다. 그리고 불확실성을 회피하는 것이 아닌 불확실성을 통해 학습할 수 있는 조직적인 맥락을 구축해야 한다.

그렇다면 불완전한 정보를 통해 사고하기 위해 디지털 리더들은 어떠한 노력을 기울여야 하는가? 디지털 리더들은 자기 자신을 포함한 조직 구성원들이 경영 환경과 미래의 비즈니스를 종합적으로 바라볼 수 있도록 집단적인 차원의 분별력을 확장시키기 위해 노력해야 한다. 불확실한 상황을 이해하기 위해 노력하는 과정에서 개인의 다양한 관점과 이해관계의 차이가 극복되고 공유된 인식과 이해를 만들어나가는 협력적인 과정을 센스메이킹sensemaking이라고 한다. 디지털 리더들은 센스메이킹을 통해 조직의 집단적인 분별력을 확장시키기 위해 혁신 과정의 촉진자로서 자신의 역할을 충실히 수행해야 한다.

예컨대 디지털 리더들은 조직적인 차원에서 강력한 시장 지향성을 확보할 수 있도록 조직 구성원들을 독려해야 한다. 그러기 위해서는 혁신적인 아이디어를 얻기 위해 조직 내부의 전문가에게만 의존할 것이 아니라 고객의 입장에서 현재 제품과 서비스를 재검토할 기회를 얻기 위해 외부인의 시각을 확보하는 것을 최우선 과제로 삼는 아웃사이드 인outside-in 전략도 함께 추구하는 게 중요하다.

그 외에도 조직 내부의 분산된 전문성을 최대한 활용해 위기를 감지하기 위해서는 지위고하를 막론하고 다양한 구성원들의 목소리가 통할 수 있는 자유로운 커뮤니케이션 환경을 구축해야 한다. 사실 어떤 사건이 전혀 예상하지 못한 '놀라운 사건'으로 보일 때도 반드시 사전에 그 징후를 파악하는 소수의 인원이 있게 마련이다. 하지만 사건의 징후를 파악했던 인원들은 자신이 입수한 정보의 중요성을 모르는 경우가 많다. 마찬가지로 리더들도 이러한 정보를 파악하기 위해 누구에게 어떻게 접근해야 할지 알지 못하는 경우가 많다.

1986년 1월 28일 발사된 지 73초 만에 폭발한 우주왕복선 챌린저호도 발사 직전 폭발의 원인이 된 O-링의 문제점을 지적하는 경고의 목소리가 있었다. 하지만 내부의 경고를 무시한 채 우주선 발사를 감행한 결과 비극적인 사고가 일어나고 말았다. 환경의 복잡성이 증가하고 전문성이 분산될수록 리더들은 커뮤니케이션의 폭을 넓히고 소통의 기회를 늘림으로써 탐험 정신에 기반한 신중한 학습을 도모해야 한다. 다시 말해 디지털 리더는 내부의 비판적 목소리에 귀를 기울이기 위해서 조직 내 정보 교환과 소통의 걸림돌을 제거해야 한다.

또한 신중한 학습을 위해서는 현재 조직 내 만연한 습관적인 사고 패턴 혹은 편견이 의사결정 과정에 개입하는 것을 막기 위해 부단히 노력해야 한다. 현재의 사고 습관에 지나치게 길들면 불명확한 정보를 해석해야 하는 상황에서 새로운 해석을 시도하려 하지 않고 기존의 관점에 부합하는 면모만 보게 된다. 사람들은 흔히 자신도 모르는 사이에 현재 자신이 사실이라고 믿고 있고 받아들이기 편안한 결론을 확증하기 위해 자신의 믿음에 부합하는 증거만을 수집하는 경향이 있기 때문이다.

따라서 조직적인 차원에서 편견과 습관적인 사고를 타파하기 위해서는 치열한 노력이 필요하다. 그렇지 않으면 조직 내부에 새로운 생각을 하는 사람들은 점차 사라지게 되고 유사한 생각을 공유하는 사람들만 남게 돼 결국 외부인의 시각에서는 도무지 이해할 수 없는 최악의 선택마저도 아무런 비판 없이 답습하게 되는 집단 사고에 빠지게 될 수도 있다. 따라서 디지털 리더들은 복잡한 이슈에 대해 복수의 검증 방법을 동원해 다양한 관점에서 교차검증할 수 있도록 주의를 기울여야 한다. 특히 위험 상황을 선제적으로 감지하기 위해서는 직관에 부합하지 않는 정보에 더욱 주의를 기울여야 한다.

포착 역량
: 위험은 줄이고 기회는 늘리기 위한 탐색과 투자를 감행하라

뛰어난 감지 역량을 바탕으로 변화의 시그널을 경쟁자들보다 더 빠르게 파악했다면 그다음은 본격적으로 변화를 주도하기 위한 준비 단계로 넘어가야 한다. 바로 위험은 줄이고 기회는 늘리기 위한 탐색과 투자를 감행하는 포착 역량이다. 새로운 시도와 변화의 이면에는 언제나 위험이 도사리고 있다. 불완전하거나 편향된 정보를 바탕으로 전략을 수립하면 조직의 모든 역량을 투입해 최선의 노력을 다하더라도 막다른 골목에 도달하게 될 수 있기 때문이다. 실제로 환경의 변화 속도가 빠르고 시장과 기술의 복잡성이 높은 산업에서는 계속되는 실패를 맞닥뜨릴 확률이 높아서 오히려 얼리어답터들이 살아남기 쉽지 않다. 따라서 디지털 리더들은 깊은 탐색, 학습, 그리고 유연한 투자를 감행함으로써 변화에 수반되는 위험은 줄이되 기회는 최대한 살릴 수 있는 포착 역량을 배양해야 한다.

③ 깊은 탐색과 학습
  : 시행착오를 통해 성공에 이르는 길을 찾는다

깊은 탐색과 학습은 시행착오를 통해 성공에 다다르는 길을 말한다. 불확실한 상황을 헤쳐나가기 위해서는 시행착오를 겪을 수밖에 없다. 시행착오를 통한 학습은 성공을 통한 학습과 실패를 통한 학습 두 가지로 나누어볼 수 있다. 그런데 성공했다고 해서 반드시 성공의 원인을 학습하는 것은 아니다. 성공했다고 하더라도 성공의 원인을 제대로 알지 못하면 재현 불가능한 운에 의한 성공이라고 할 수 있다. 디지털 리더들은 그들에게 성공이 찾아왔을 때 한 번의 우연한 성공을 자축하기보다는 성공의 원인을 학습하기 위해 노력해야 한다. 실패도 마찬가지이다. 한번 실패했다고 해서 다음번에는 똑같은 실수를 범하지 않으리란 보장이 없다. 따라서 실패가 단순한 실패 경험으로 그치지 않기 위해서는 실패를 통한 학습이 이어져야 한다. 작은 실수를 통해 중요한 순간에 위기를 극복할 지혜를 얻게 된다면 오늘의 실패는 아주 값지다고 할 수 있다.

실례로 국내외 많은 기업이 성공과 실패를 통한 학습 경험을 관리하기 위해 노력하고 있다. 예컨대 송금과 전자금융 서비스를 혁신하는 토스는 6개월에 한 번씩 얼라인먼트 데이alignment day를 통해 성공과 실패 경험을 조직 구성원들과 공유하고 있다. 성공이 단발성에 그치지 않고 지속되기 위해서는 성공의 원인을 파악하기 위해 노력해야 하고 조직 내부에 성공을 통해 학습한 내용을 전파해야 하기 때문이다. 마찬가지로 실패를 통한 학습을 촉진하기 위해서는 실패 경험

시행착오를 통한 학습 과정

성공

실패

실패

이 진솔한 소통 과정을 통해 공유돼야 하며 더 많은 사람이 실패의 원인을 찾기 위해 머리를 맞댈 수 있어야 한다.

독일의 유명 다국적 스포츠 의류 기업인 아디다스는 실패를 배움의 과정의 하나로 인식하는 조직문화를 구축하기 위해 노력하고 있다. 특히 아디다스는 조직의 세 가지 핵심 가치 중 하나인 자신감을 '우리가 모든 답을 가지고 있지 않다는 것을 인정하는 것'에서 출발한다고 정의하고 있다. 실패의 가능성을 인정하고 나아가는 것이야말로 혁신을 준비하기 위한 기본자세이다.

지속적인 혁신을 위해서는 성공과 실패 모두를 통해 끊임없이 학습해야 한다. 그러나 성공과 실패 경험의 규모와 범위가 너무 큰 경우에 조직은 그로부터 학습하기 어렵다. 원인과 결과의 연결 고리를 파악하기 힘들어 통찰을 얻기 힘들기 때문이다. 게다가 규모가 큰 프로젝트는 실패했을 때 치명적인 손실을 안겨주기 때문에 안전한 길을 선택하기 쉽고 다양한 학습을 하기 어렵다. 이러한 현상은 특히 불확실한 시장 환경에서 더욱 심화된다. 따라서 불확실한 시장 환경인 디지털 트랜스포메이션 시대를 안전하게 헤쳐나가기 위해서는 하나의 프로젝트에 조직의 사활을 거는 무모한 행동을 하기보다는 작은 실험을 설계하고 조금씩 실행에 옮겨 나가면서 순차적으로 투자를 늘려가야 한다.

물론 모든 가능한 조건을 다 비교해볼 완전무결한 실험실 상황을 현실적으로 구현할 수 있으리란 기대를 할 수는 없다. 하지만 디지털 리더들은 현실에서 관찰 가능한 집단 구분을 바탕으로 실험과 유사한 분석을 시도하는 유사 실험 디자인을 시도해볼 수 있다. 포착 역량을 확보하기 위해서는 미지의 세계를 향해 조심스럽게 한발씩 나아가는 탐험가의 마음가짐으로 현재 믿음이 과연 옳은가 끊임없이 검증해보아야 하기 때문이다. 그 외에도 짧은 주기로 여러 종류의 시제품을 제작해 고객의 반응을 살펴볼 수도 있다. 인터넷이나 모바일로 서비스를 제공하는 회사에서 어떤 알고리즘이 좋은지 알아내기 위해서 소수의 고객을 A와 B 집단으로 나누어 두 가지 알고리즘을 비교하는 'A/B테스트'가 좋은 예이다. 이러한 실험과 관찰의 범위는 현재 조직과 시장의 경계를 넘어설 수도 있다. 특히 리더들은 실험을 통해 얻은 통찰을 다른 조직 구성원들에게도 전달할 수 있도록 부단히 노력해야 한다.

그런데 실험과 시행착오를 통한 학습을 도모하기 위해서는 모든 조직이 반드시 넘어야 할 산이 있다. 바로 실패에 대한 두려움이다. 물론 경솔함에서 비롯되는 과실은 줄여나가야 하겠지만 새로운 시도를 하다 보면 자연히 실수할 가능성이 커지게 된다. 실수를 용납하지 않는 조직에서는 학습할 기회조차 주어지지 않는다. 따라서 리더들은 실패를 통해 학습할 수 있는 조직문화를 구축하기 위해 의도적으로 노력해야 한다. 단순히 실험적인 시도를 독려하는 립서비스와 제스처를 취하는 것만으로는 부족하다.

예컨대 전 세계에서 가장 많은 사람이 사용하는 사회연결망 서비스 중 하나인 페이스북에서는 작은 실험을 통해 혁신을 주도하고 있으며 혁신 과정에서 필연적으로 발생하는 실패에 대한 두려움을 극복할 수 있도록 지원하는 다양한 제도를 운용하고 있다. 페이스북은 이미 개발이 완료된 서비스를 특정한 시점에 배포하는 대신 지속적인 배포를 통해 기존의 서비스를 조금씩 자주 개선하는 방향으로 혁신을 관리함으로써 심각한 문제가 생기는 것을 방지하고 있다.

또한 페이스북은 기존의 서비스를 대규모로 수정해야 할 문제가 생겼을 될 때도 더 작고 안전한 단위로 나누어 개발하는 방식을 취하고 있다. 그뿐만 아니라 페이스북은 신규 기능을 추가할 때 최종 사용자 전원에게 한 번에 노출시키기보다는 작은 규모의 사용자들에게 새로운 기능을 우선 노출한 뒤 검증을 거쳐 최종적인 배포 여부를 결정하고 있다. 특히나 페이스북은 이러한 개발 전략을 활용해 신입 개발자들에게 혁신 과정에서 필연적으로 맞닥뜨리게 될 실패를 극복할 수 있는 경험을 제공하기 위해 노력하고 있다. 페이스북은 신입 개발자를 위한 6주간의 부트캠프 과정에서 신입 개발자들이 직접 작성한 코드를 배포해볼 기회를 준다. 혁신 과정에서 작은 실수가 발생하더라도 큰 문제 없이 해결할 수 있으며 새로운 조직 구성원도 언제든지 실패를 딛고 다시 도전할 수 있다는 값진 교훈을 깨달을 수 있도록 지원하고 있다.

④ 유연한 투자
: 리얼 옵션을 통해 탐색적인 투자를 감행하라

유연한 투자는 리얼 옵션으로 탐색적인 투자를 감행하는 것을 의미한다. 기회를 포착하기 위한 투자 행위는 때때로 큰 비용을 치를 수 있고 여러 대안에 큰 투자를 감행하는 것은 큰 위험을 수반한다. 따라서 디지털 리더들은 비교적 적은 비용으로 미래를 준비하는 방법을 고민해보아야 한다. 미래의 필요에 따라 언제든지 행사할 수 있는 권리를 비교적 저렴한 비용에 확보하는 리얼 옵션은 매우 훌륭한 투자 대안이라고 할 수 있다. 옵션은 반드시 행사해야 하는 의무가 아닌 권리자의 권리 행사로 실현되는 가치 보존 수단이다. 리얼 옵션은 하방 위험성downside risk은 제한하고 상방 가능성upside potential은 높여주기 때문이다.

투자 대상의 미래 가치가 불확실할 때는 리얼 옵션을 활용하면 손실을 최소화하면서도 수익을 올릴 수 있다. 따라서 경영 환경의 불확실성이 높아질수록 리얼 옵션은 더욱 유리한 투자 대안이다. 아직 상업적 가치가 불투명한 기술의 경우에는 자체적으로 연구를 진행할

리얼 옵션을 활용하는 세 가지 방법: 가치 보존, 정찰, 그리고 탐색

수도 있겠지만 외부 스타트업에 투자함으로써 간접적인 투자를 감행할 수도 있을 것이다.

그렇다면 디지털 리더들은 리얼 옵션을 통해 미래를 위한 투자를 어떻게 관리해야 하는가? 리얼 옵션을 통해 현재 가치를 최대한 보존하면서도 디지털 트랜스포메이션에 수반되는 불확실성을 관리하기 위해서는 투자 대상의 특성에 따른 분산 투자를 감행해야 한다. 디지털 리더들은 현재 가치를 보존하기 위한 옵션, 변화를 지켜보면서 확장 가능성을 관찰하기 위한 정찰 옵션, 그리고 아직 불확실성이 높은 미지의 영역을 탐색하기 위한 옵션 등으로 포트폴리오를 구성할 필요가 있다.

리얼 옵션을 잘 활용해 분산 투자를 하면 비교적 안정적이고 익숙한 환경에서는 가치를 잘 보존할 수 있게 되고 새롭고 불확실한 상황에서는 본격적인 투자에 앞서 소규모의 정찰대를 보냄으로써 위험요소를 사전에 파악할 수 있다. 그뿐만 아니라 아직 상업적인 가치가 불확실한 미지의 영역에 대해서는 처음부터 사활을 건 도박을 하기보다는 리얼 옵션을 통해 미래를 위한 포석을 설치해두는 것이 더 유리할 수 있다. 요컨대 리얼 옵션은 자칫 지나치게 큰 비용이 들 수도 있는 탐색적 투자에 유연성을 키워준다.

재조정 역량
: 변화를 주도하려면 나와 나를 둘러싼 연결망을 바꿔야 한다

위기와 기회를 감지하고 변화를 위한 준비를 마쳤다면 그다음은 본격적으로 변화를 주도해야 할 단계이다. 감지 역량과 포착 역량이 비즈니스 기회를 창출하기 위한 역량이었다면 재조정 역량은 새로운 전략을 본격적으로 실행에 옮김으로써 앞서 발견한 기회의 상업적 잠재력을 최대한 실현하기 위한 역량이라고 할 수 있다. 구체적으로 재조정 역량은 변화를 주도하기 위해 조직 내부의 구조를 재설계하거나 외부 관계를 조정하는 것을 의미한다.

⑤ 조직 구조 재설계
: 혁신의 산실을 보호하기 위한 근조직 분리를 단행하라

조직 구조의 재설계는 혁신의 산실을 보호하기 위한 구조적 분리를 단행하는 것을 뜻한다. 이탈리아 작가 카를로 콜로디Carlo Collodi의 동화이자 디즈니의 애니메이션으로도 유명한 「피노키오」에서는 인형극에 사용되는 꼭두각시 인형이 자의식을 갖게 되면서 벌어지는 흥미진진한 모험을 그리고 있다. 꼭두각시는 원래 인형사의 손가락에 연결된 실의 움직임에 따라 지시한 대로만 움직인다. 하지만 일반

피노키오

피노키오는 아이들에게 꿈과 희망을 주는 동화이지만 혁신가들에게도 많은 생각할 거리를 던져준다. 꼭두각시처럼 인형사의 손에 연결된 혁신가들은 흉내를 낼 수는 있겠지만 결코 넘어설 수 없기 때문이다.

적인 꼭두각시와 달리 실을 끊고 자유를 얻게 된 피노키오는 온갖 몹쓸 짓을 저지르고 만다. 그러다 어느 순간 깨달음을 얻은 피노키오는 자신을 만들었던 제페토 할아버지의 사랑을 떠올리며 하나의 인격체로서 사회의 구성원이 되기 위해 노력하게 된다. 결국 영화의 말미에서는 진짜 사람이 된다.

피노키오는 아이들에게 꿈과 희망을 주는 동화이지만 혁신가들에게도 많은 생각할 거리를 던져준다. 꼭두각시처럼 인형사의 손에 연결된 혁신가들은 흉내를 낼 수는 있겠지만 결코 넘어설 수 없기 때문이다. 반대로 줄을 끊고 혁신을 위한 혁신에 매진하다가는 조직의 생존 자체를 위험에 빠뜨리게 된다. 따라서 조직 내부에 혁신의 산실을 보호하기 위해서는 적당한 거리감을 유지하는 것이 필요하다.

새로운 변화를 주도하는 혁신가들은 현재의 방식에 끊임없이 도전하는 사람들이므로 기존의 방식을 고수하고자 하는 조직 구성원들과 마찰을 빚게 마련이다. 그뿐만 아니라 혁신가들 사이에서도 변화의 방향성에 대한 관점의 차이로 인해 크고 작은 갈등이 발생한다. "사공이 많으면 배가 산으로 간다."라는 속담은 혁신 과정에도 그대로 적용된다. 따라서 혁신의 산실을 보호하기 위해서는 각각의 혁신 주체들에게 적당한 수준의 독립성을 부여해야 한다. 혁신 주체의 구조적 독립성은 특히 미래의 변화가 불연속적인 특성을 띨 때, 변화의 속도가 빠를 때, 그리고 현재 핵심역량이 위험에 빠져 있을 때일수록 그 중요성이 더 증가한다.

기존의 비즈니스 기반과 현격히 차별화되는 혁신적인 변화를 추구하는 조직은 조직도상의 구조적인 분리 이외에도 아예 오피스 공간 자체를 분리하는 물리적인 단절이 필요할 수도 있다. 하지만 이처럼 극단적인 분리가 필요하지 않을 때는 기존 비즈니스로부터 신규 프로젝트의 자본 조달 방식이나 회계 보고 체계만을 분리하는 것으로도 충분하다. 이와 더불어 새로운 시도에 적합한 정책이나 제도를 도입함으로써 신규 비즈니스 설계에 필요한 인재들을 적극적으로 유치할 환경을 마련할 수도 있다. 이외에도 비교적 안정적이지만 의사결정 속도가 느린 관료제 조직과는 차별화된 민첩한 의사결정 구조를 도입함으로써 짧은 기간 내에도 빠른 주기로 여러 시제품을 실험해볼 수 있을 것이다. 기존의 연구개발 부서와는 독립적이어서 조직 내부의 스타트업이라고도 불리는 이노베이션 랩을 운영함으로써 고객 지향적인 혁신을 추구할 수 있다. 예컨대 2015년 이후 계속 『포브스』 선정 100대 혁신 기업에 이름을 올리고 있는 아모레퍼시픽은 린스타트업을 통해 고객 지향적인 혁신을 추구하고 있다.

⑥ 외부관계 재조정
: 조직과 산업의 경계를 넘어 협력하라

마지막으로 조직과 산업의 경계를 넘어 협력하는 외부 관계 재조정도 중요하다. 동적 역량을 확보하고 새로운 전략을 실행에 옮기기 위해서는 조직 내부뿐만 아니라 고객 및 협력 업체와의 관계를 재정의하고 경쟁 업체를 포함한 산업 전반의 글로벌 혁신 생태계를 재정비하는 노력이 필요하다. 이러한 외부 관계 재조정에는 혁신 성과가 조직의 성장과 번영으로 이어질 수 있도록 유리한 법률을 제정하는 공동 로비 활동도 포함된다. 또한 혁신 성과가 산업 표준으로 인정받기 위해서는 혁신이 전파되는 외부 네트워크에도 관심을 가져야 한다.

그렇다면 디지털 리더들은 어떻게 기업의 경계를 뛰어넘어 협력적 혁신 생태계를 구축할 수 있는가? 디지털 리더들은 초기 스타트업의 성장에 적극적으로 참여하고 보조함으로써 기술적, 공간적, 인적, 재무적 지원을 제공하는 인큐베이터나 액셀러레이터 프로그램을 운영할 수 있다. 이외에도 기존 기업이 스타트업에 자본을 투자해 주식을 획득하는 기업형 벤처캐피털은 새로운 시장과 기술에 더 빠르게 접근할 기회를 제공해준다. 또한 기존 기업과 전략적 파트너십을 맺거나 기존 기업을 인수합병함으로써 외부 혁신 역량을 조직 내부로 흡수할 수도 있다.

단, 이러한 외부 관계 재조정이 소기의 목적을 달성하기 위해서는 열린 혁신의 목적이 경쟁자를 약화시키거나 제거하는 것이 아니라 조직 내외부의 혁신 역량을 통합하기 위함이라는 것을 반드시 기억해야 한다. 장기적인 관점에서는 경쟁자도 조직학습을 촉진하는 조력자이기 때문이다.

디지털 리더들은 학계와 소통하고 지역적 경계를 뛰어넘는 협력도 추구해야 한다. 특히 기업가적 연구 중심 대학은 기업의 의뢰를 받아 응용과학 분야의 연구를 수행하는 전통적인 의미의 산학 협력을 넘어 기초 과학 분야의 연구 성과를 바탕으로 향후 급진적인 혁신의 단초를 제공하기 위해 노력하고 있다. 또한 전후방 산업과의 글로벌 연계를 고려할 때 열린 혁신을 추구하기 위해서는 국가 간 문화 차이뿐만 아니라 신흥 시장의 제도적 공백에 대해서도 주의를 기울여야 한다.

예컨대 정치적으로 불안정하거나 지적 재산권 혹은 상표권 등에 대한 보호가 상대적으로 약한 신흥 시장에서 파트너십을 구축하고자 할 때는 다양한 정치 세력과 우호적인 관계를 형성함으로써 문제가 발생하는 것을 예방해야 하며 신뢰에 기반한 비공식적 안전망을 확보함으로써 법률적인 구제가 어려운 상황에 대처할 수 있는 방책을 마련해두어야 한다.

조직과 산업의 경계를 넘어 협력적 혁신 생태계를 구축하는 것은 일종의 전략적 레이더 시스템을 구축하는 것과 같다. 조직의 혁신 네트워크가 확장될수록 다양한 접점을 통해 고객과 소통할 수 있다. 이는 또다시 조직의 감지와 포착 역량을 배양할 수 있는 풍부한 토양을 제공해주기 때문이다. 따라서 동적 역량을 확보하기 위해서는 외부 관계를 재조정함으로써 우리 조직이 속한 혁신 생태계가 협력적 선순환 구조를 지속적으로 구축해나갈 수 있도록 끊임없이 노력해야 한다.

한국 기업은 얼마나 동적 역량을 확보했을까

지금까지 동적 역량의 3대 구성요소인 감지, 포착, 재조정 역량을 세부적으로 살펴보았다. 그렇다면 한국 기업의 현주소는 동적 역량의 관점에서 바라보면 어떠한 모습일까? 과거 경영 환경은 상대적으로 안정적이었고 예측이 수월했다. 한국 기업은 후발 주자로 이미 성공한 선발 주자들을 모방하는 빠른 추격자 전략을 추구했고 뛰어난 재조정 역량을 갖추고 있었다. 이러한 조직들은 주로 변화의 방향성이 어느 정도 실체화되면 발 빠르게 움직이며 기회를 포착하기 위해 노력했다.

하지만 지금은 불연속적인 변화가 일상화되고 선발 주자와 후발 주자의 격차가 다시 한번 크게 벌어지는 디지털 트랜스포메이션의 시대이다. 이러한 시대를 선도하기 위해서는 경쟁자들보다 먼저 새로운 기회를 파악하기 위한 동적 역량을 키워야 할 필요성이 점차 늘

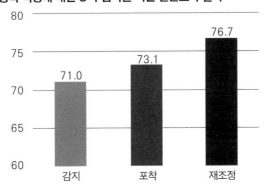

2017년 동적 역량에 대한 S사 임직원 의견 설문조사 결과

어나고 있다. 특히 한국 기업의 위상이 변화한 만큼 새로운 기회를 선제적으로 파악하고 글로벌 혁신 생태계를 선도하는 역할을 하기 위한 감지 역량을 개발해야 한다.

필자는 2017년 한국의 대표적인 대기업 중 하나인 S사에서 동적 역량과 혁신 조직에 대한 강의를 진행하며 임직원들을 대상으로 설문조사를 진행한 경험이 있다. 그 결과 한국 기업의 전형이라고 할수 있는 S사의 임직원들은 자신들이 몸담은 기업이 재조정 역량은 뛰어나지만 상대적으로 감지와 포착 역량은 부족하다고 평가했다. 이러한 설문조사 결과는 같은 해 국내 최고 전략경영 전문가 13인이 합심해 출간한 책에서 '한국 기업은 전략적 통찰력은 취약하지만 전략 실행력은 강하다.'라고 평가한 것과 정확하게 일치한다.

한국 기업은 오랜 시간 세계 일류 기업을 빠르게 따라잡고자 노력한 결과 강한 실행력을 얻게 됐다. 하지만 한국 기업의 위상이 변화한 만큼 이제는 누군가를 뒤따르기 위해 노력하기보다는 글로벌 혁신 생태계를 선도하기 위한 전략적 대전환을 모색해야 한다. 그리고 이러한 경영 전략 패러다임의 대전환은 환경 변화를 감지하고 기회를 포착할 수 있는 전략적 통찰력 없이는 불가능하다.

그렇다면 현재의 강점인 재조정 역량과 포착 능력을 유지하면서 감지 역량을 확보하기 위해서는 어떠한 노력이 수반돼야 하는가? 다시 말해 한국 기업은 급변하는 환경에 발맞춰 진화에 도태되지 않기 위해 어떻게 변화해야 하는가? 결론을 먼저 말하면 앞으로 한국 기업은 과거의 성공 공식에서 벗어나 내적 다양성과 외적 다양성을 동시에 확보하는 것이 필요하다. 우선 내적 다양성의 확보를 위해서는 끊임없이 혁신하는 학습 조직으로 거듭나야 한다. 그러기 위해서는 느린 학습의 미학을 깨달아야 하며 혁신적인 조직문화를 구축하기 위해 심리적 안정성을 보장해야 한다. 나아가 양손잡이 혁신 경영을 실천해야 한다. 그뿐만 아니라 경쟁을 회피하기보다는 경쟁을 통해 학습하고 경쟁을 직접 주도하는 새로운 전략을 추구해야 하며 지금보다 더 적극적으로 열린 혁신에 참여함으로써 외적 다양성을 확보해야 한다.

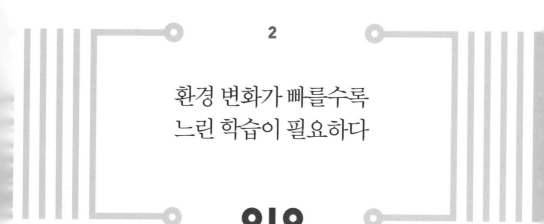

2

환경 변화가 빠를수록
느린 학습이 필요하다

혁신 생태계의 변화에 발맞춰 과거의 성공 공식을 개편하고 동적 역량을 배양하기 위해서는 끊임없이 혁신할 수 있는 학습 조직을 만들어야 한다. 그런데 많은 조직이 학습 조직을 표방하지만 실제 학습 역량에서는 큰 차이가 생기기도 한다. 조직의 내적 다양성이 차이가 나기 때문이다. 따라서 혁신의 불씨가 꺼지지 않는 학습 조직을 만들기 위해서는 서로 다른 생각이 장기간 보존되면서도 상호 학습을 통해 발전할 수 있는 생산적인 환경을 구축해야 한다.

학습하는 조직을 만들 때 리더들은 대부분 학습의 커리큘럼이나 성과를 수치로 평가하는 데 주목한다. 실제 학습이 어떻게 이루어지고 또 그 효과가 어떤지는 관심이 적거나 제대로 운용하지 못하는 실정이다. 때로는 급격한 환경 변화를 이유로 빠른 학습 문화를 강요하기도 한다. 또 유행에 뒤처지지 않는 독서와 연구 등을 독려한다. 그런데 과연 이런 방식이 혁신 생태계의 동적 역량 배양에 도움이 될까?

조직학습이론의 전문가이자 스탠퍼드대학교의 제임스 마치James March 교수는 오히려 느린 학습과 느린 학습자를 주목하라고 강조한다. 그는 「조직학습에서의 탐색과 활용」이라는 논문에서 조직 전체의 지식 수준이나 기회의 발굴을 위해서는 느린 학습과 학습자가 필요하다고 주장한다. 더군다나 현재의 조직 프로세스를 개선(혹은 혁신)하려면 느린 학습이 중요하다는 것이다. 느리다는 것이 게으르다는 것은 아니다. 그동안 해왔던 일을 아무런 의심 없이 받아들일 게 아니라 탐색하고 생각하는 시간을 가진다는 뜻이다. 이는 앞서 말한 동적 역량의 감지, 탐색, 재조정의 과정과 맥락이 닿는다.

느린 학습은 동적 역량을 확보하는 과정이기도 하다. 동적 역량은 실천적이고 혁신적인 행위이다. 느린 학습은 혁신의 사고와 개념을 만들거나 관행을 개선하는 밑거름을 만들어 동적 역량을 확보할 수 있게 한다. 제임스 마치 교수는 논문에서 느리게 학습한 조직원이 빠른 학습과 적응된 동료들에게 균형된 지식을 제공한다는 것을 검증했다. 느린 학습이 혁신을 추구하는 조직에서 어떻게 불쏘시개 역할을 하는지 보여준 것이다.

스피드 너머 느린 학습에 주목하라

느린 학습은 조직 구성원들이 조직 내부에 축적된 지식과 규범을 의미하는 코드와 구별되는 자신만의 생각을 비교적 오랫동안 유지할 수 있는 학습 환경을 의미한다. 하지만 한국 기업은 주로 벤치마킹에 의존해 빠른 추격자 전략을 실행해왔다. 그러다 보니 다양성보다는 조직의 코드를 빠르게 습득하고 내재화할 수 있는 융화력에 초점을 맞춘 빠른 학습을 더 중요시해왔다. 모난 돌이 정을 맞는 빠른 학습 환경에서는 다양한 시각과 관점이 보존되기 어렵다. 창의적인 생각을 하던 사람도 기존의 코드에 빠르게 적응하기 위해 오랜 시간 노력하다 보면 결국은 천편일률적인 생각에서 벗어나지 못하게 된다.

그러다 보니 구성원들의 사고가 획일화돼 잘못된 코드마저도 아무런 비판 없이 수용하게 되는 지경에 이르게 된다. 급기야 현재 상황을 고수하려고 하는 구조적인 관성이 작용하게 된다. 빠른 학습 환경에서는 독창적이고 독보적인 자신만의 전문지식을 축적하기 어렵다. 게다가 조직의 내적 다양성을 훼손하는 빠른 학습은 신속하고 효율적인 의사결정과 단기 성과를 우선시하는 스피드 경영에서 더욱 심화됐다.

물론 빠른 학습과 스피드 경영이 한국 기업의 눈부신 성장에 기여한 점도 무시할 수는 없다. 하지만 과거의 성공 공식이 미래에도 성공을 보장해줄 수 있을지는 의문이다. 과거에 한국 기업들은 비교적 안정된 산업 환경에서 선두 주자들의 해법을 따라 하는 빠른 추격자 전략을 추구해왔다. 이는 검증된 풀이법에 의존해 빠르게 문제를 해결하는 상황과 유사하다고 할 수 있다. 다시 말해 재조정 역량과 포착 역량이 뛰어난 한국 기업은 이미 누군가 검증해놓은 공식을 문제에 적용해 빠르게 풀어내는 연산 능력을 키우는 데 집중해왔다. 하지만 디지털 트랜스포메이션을 선도해야 할 미래의 리더들은 새로운 문제를 발견하고 혁신적인 방법을 시도하기 위한 응용력을 보완해야 한다.

그렇다면 디지털 리더들은 어떻게 느린 학습을 촉진하고 응용력을 보완할 수 있는가? 응용력은 다양한 방법을 시도하는 과정에서 자연스럽게 습득할 수 있다. 따라서 리더들은 느린 학습을 지원하는 장기적인 관점의 보상체계와 인사시스템을 구축하기 위해 노력해야 한다. 예컨대 리더들은 단기 성과에 일희일비하지 않아야 하고 구성원들이 외부 환경과의 접촉을 통해 계속해서 새로운 관점에 노출될 수 있도록 장려해야 한다. 나아가 조직 구성원들의 경력 개발을 지원하는 과정에서 직무 이동 등을 통해 한 부서의 관점에만 지나치게 천착하지 않고 항상 비판적인 시각을 유지할 수 있도록 유도해야 한다. 이러한 방법을 통해 응용력을 키우게 되면 느린 학습은 다음 세 가지 핵심 메커니즘을 통해 혁신을 앞당긴다.

첫째, 느린 학습은 내적 다양성을 오랫동안 보존함으로써 다양한 대안에 대한 탐색을 시도할 기회를 제공한다. 둘째, 느린 학습은 위험을 동반하는 탐색적 행위를 제한하는 뜨거운 난로 효과를 극복함으로써 혁신의 불씨를 뜨겁게 유지할 수 있도록 도와준다. 뜨거운 난

혁신을 촉진하는 느린 학습의 세 가지 핵심 메커니즘

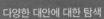

| 다양한 대안에 대한 탐색 | '뜨거운 난로 효과'의 극복과 새로운 대안의 발굴 | 구성원들로부터 학습을 통한 조직의 학습 역량 증대 |

로 효과는 미국의 소설가 마크 트웨인Mark Twain이 서신에서 뜨거운 난로 위에 올라가 한번 화상을 입은 고양이는 뜨거운 난로뿐만 아니라 차가운 난로 위에도 다시는 올라가지 않는다고 쓴 데서 착안한 개념이다. 한두 번의 실패 경험이 잠재적으로 더 나은 성과를 낼 수 있는 탐색적인 시도를 하는 것을 제한하는 현상을 일컫는다. 느린 학습은 이러한 실패를 딛고 다시 한번 도전할 기회를 제공함으로써 지속적인 혁신을 가능하게 한다. 셋째, 느린 학습은 조직 구성원들이 코드로부터 일방적으로 학습하는 사회화 과정 이외에도 서로의 독창적인 관점을 통해 상호 학습할 기회를 제공함으로써 조직의 학습 역량을 증진시키는 데 기여할 수 있다. 따라서 미래를 선도하기 위한 응용력을 확보하기 위해서는 느린 학습을 추구해야 한다.

심리적 안정성과 책임성의 균형을 모색하라

혁신적인 조직문화는 심리적 안정성과 책임성의 균형에서 출발한다. 하버드대학교의 에이미 에드먼슨Amy Edmondson 교수에 의하면 심리적 안정성은 위험을 감수하는 행동을 해도 괜찮을 것이라는 암묵적인 믿음이 조직 구성원들 사이에서 공유될 때 작동한다. 따라서 심리적 안정성이 확보된 조직에서는 아직은 미완성된 엉뚱한 아이디어를 다른 조직 구성원에게 공유하더라도 비난이나 조롱받지 않을 것이라는 확고한 믿음이 있다. 그래서 심리적 안정성이 보장되는 조직에서는 새로운 생각을 자유롭게 토론할 수 있다.

또한 심리적 안정성은 현재에 안주하지 않고 안전지대를 벗어난 혁신적인 행동을 할 때 수반되는 위험을 감수할 용기의 원천이기도 하다. 반대로 사소한 실수마저 용납하지 않는 냉랭한 분위기 속에서는 꽤 완성도 있는 아이디어라도 직장 동료들에게 이야기를 꺼내기가 쉽지 않다. 다른 사람이 자신의 아이디어를 조롱하거나 비난하리라고 생각한다면 아무리 뛰어난 아이디어가 있더라도 쉽사리 꺼낼 수 없기 때문이다. 따라서 심리적 안정성은 디지털 혁신을 감행하기 위한 필요조건이다.

하지만 심리적인 안정성이 높다고 해서 언제나 조직학습이 활발하게 이루어지는 것은 아니다. 새로운 아이디어가 성과를 내는 비즈니스 혁신으로 이어지기 위해서는 누군가는 책임을 느끼고 끊임없이 노력하는 생산적인 조직문화가 뒷받침돼야 한다. 심리적 안정성

심리적 안정성과 책임성에 따른 조직문화의 차이

과 책임성이 균형을 이루지 못한 조직에서는 적당주의가 판을 치거나 혁신을 위한 노력 자체에 무관심해지기 일쑤다. 또는 새로운 도전을 시작할 엄두조차 내지 못하는 상황이 발생하기 쉽다. 예컨대 심리적 안정성은 높으나 책임성이 낮은 상황에서는 적당히 요령을 피우는 적당주의에 빠지기 쉽다. 반대로 책임성은 높지만 심리적 안정성이 낮은 상황에서는 극도의 불안감에 시달리느라 혁신에 온전히 집중하기 어렵다. 이러한 상황이 지속된다면 조직 구성원들은 언제 자신이 곤란한 상황에 빠지게 될지 계속해서 마음을 졸이며 살아가기 때문이다.

　마지막으로 심리적 안정성과 책임성이 모두 낮은 상황에서는 조직 구성원들이 회사의 일에 무관심해지거나 혁신적인 아이디어에 대해서도 냉담하게 반응하게 된다. 더 이상 혁신이 나에게 중요한 일이 아니게 되는 것이다. 따라서 혁신적인 조직문화를 구축하기 위해서는 심리적 안정성과 책임성의 적절한 균형을 모색해야 한다.

그렇다면 혁신적인 조직문화를 구축하기 위해서는 어떠한 노력이 필요할까? 첫째, 의사결정 과정이 협력적인 학습 프로세스라는 사고의 틀을 공유해야 한다. 의사소통 과정이 승자와 패자를 가르기 위한 과정이 아니라 서로의 다름을 통해 상호 학습하는 과정이라는 암묵적인 합의가 선행될 때 조직 구성원들은 자신의 부족한 부분을 채워줄 동료들을 찾아 마음을 터놓고 이야기할 수 있게 된다. 이처럼 진솔한 의사소통이 가능한 상황에서는 자신의 독특한 의견을 개진하는 데 주저함이 없어지고 자신과 반대되는 의견을 억압하기보다는 오히려 적극적으로 찾아 나서게 된다. 심리적 안정성과 책임성이 균형을 갖춘 학습 지향적 조직에서는 혁신적인 아이디어를 다양한 관점에서 교차 검증해볼 기회가 생긴다.

둘째, 혁신적인 조직문화를 구축하기 위해서는 적당주의와 안정 제일주의를 타파하기 위한 적극적인 노력이 수반돼야 한다. 예컨대 통상적인 의미의 연말 평가만으로는 평상시에 요령껏 적당히 일하다가 평가 기간이 다가와서야 열심히 노력하는 모습을 보여주는 식의 적당주의를 타파하기 어렵다. 연말 평가와 같은 장기 피드백 이외에도 단기적인 피드백을 주기적으로 제공함으로써 학습 과정의 대응성을 높여야 한다. 그러기 위해서는 연속적인 평가를 통해 독창적인 아이디어를 제시하는 조직 구성원들의 노고를 인정해주어야 하며 지속적인 혁신을 도모할 수 있도록 내재적 동기를 진작시켜야 한다.

양손잡이 혁신 경영을 추구하라

내적 다양성을 확보하기 위해서는 신구 사업의 균형을 맞출 수 있는 보상과 협력 체계를 구축해야 한다. 그렇게 함으로써 보통은 상충 관계에 있는 탐색과 활용의 균형을 맞출 수 있다. 제임스 마치 교수에 의하면 탐색은 단기간에는 성과를 예측하기 어려운 실험적이고 도전적인 과업을 의미한다. 반대로 이미 오랜 기간 반복해왔기 때문에 익숙하고 결과를 예측하는 것도 용이한 안정적인 과업은 활용이라고 할 수 있다.

탐색과 활용은 기본적으로 상충적인 관계에 놓여 있는 활동이다. 그런데 동적 역량을 확보하기 위해서는 탐색과 활용을 동시에 추구해야 한다. 탐색과 활용 중 하나에 집중하는 조직은 학습 함정에 빠지기 쉽기 때문이다. 예컨대 단기 성과의 압박 때문에 지나치게 활용에만 집중하는 조직에서는 과거의 성공 공식에서 벗어난 새로운 시도를 하기가 매우 어렵다. 그런데 활용에 집중하는 근시안적인 학습을 지속하게 되면 결국 시장의 변화에 적응하지 못하게 돼 도태되고 만다. 과거의 성공이 미래의 발목을 잡는 성공의 덫에 빠지게 되는 것이다. 반대로 검증되지 않은 탐색적인 시도에만 매진하는 조직들은 그만큼 실패할 확률이 높아지게 되고 결국 이전의 실패를 만회하기 위해 점점 더 무리한 투자를 감행하다가 실패의 덫에 빠지게 된다. 따라서 디지털 트랜스포메이션을 선도하기 위한 동적 역량을 확보하기 위해서는 탐색과 활용의 적절한 균형을 찾기 위해 노력해야한다.

양손잡이 조직ambidextrous organization은 탐색과 활용을 동시에 관리함으로써 장단기 성과라는 두 마리 토끼를 모두 잡기 위한 조직화 방식이라고 할 수 있다. 하지만 서로 다른 지향점을 가지고 있는 탐색과 활용을 동시에 추구하는 것은 매우 어려운 일이며 양손잡이 조직을 구현하기 위한 단 하나의 완벽한 해법은 아직 존재하지 않는다. 결국 양손잡이 조직을 구현하는 것은 끊임없는 조정의 산물이라고 할 수 있다. 예컨대 많은 조직이 위험을 감수해야 하는 탐색보다는 안정 지향적인 활용에 집중하는 경향이 있으므로 탐색적인 행위에 추가적인 인센티브를 제공할 수 있을 것이다.

하지만 조직 구성원들이 추가적인 인센티브를 지급해도 탐색을 도모하기에는 여전히 위험 부담이 너무 크다고 생각한다면 역부족 현상이 발생했다고 할 수 있다. 반대로 탐색을 지원하는 인센티브가 지나치게 많이 제공되면 조직의 안정적인 운영에 도움을 주는 활용에는 큰 신경을 쓰지 못하는 역배분 문제가 생길 수도 있다. 따라서 신구 사업을 동시에 지원하기 위한 보상과 협력 체계를 구축하는 것은 전사적인 차원의 세심한 조율이 필요하다. 이러한 조율은 다양한 방법으로 이루어질 수 있다. 몇 가지 기업 사례를 통해서 대표적인 방법을 설명해보기로 한다.

먼저 시차를 두고 탐색과 활용을 전환하는 조직을 뜻하는 순차적 양손잡이sequential ambidexterity 조직이다. 여러 기업의 경영자들은 탐색과 활용의 역설을 관리하기 위한 다양한 방법들을 고안해왔다. 예컨대 독일의 대표적 자동차 기업 중 하나인 BMW는 탐색과 활용이라는 전략 목표를 순차적으로 교대하는 순차적 양손잡이 조직을 구현하고자 했다. 순차적 양손잡이 조직은 시차를 두고 전략 목표를 변경함으로써 탐색과 활용의 역설을 회피할 수 있는 조직화 방법이다. 하지만 전략 목표가 바뀔 때마다 많은 조직 구성원이 자신의 일자리가 사라지는 것은 아닌지 걱정했다. 그래서 BMW의 경영진들은 구성원 간의 장기적인 이해관계를 일치시키고 공동체적인 정체성을 확립하고자 부단히 노력했다. 이러한 노력의 하나로 직무 순환제를 확대 적용했지만 조직 구성원들은 오히려 자신이 수행해야 할 핵심적인 역할이 무엇인지 헷갈려 했다. 게다가 전략 목표를 전환한 이후에도 구조적인 관성으로 인해 조직 구조가 바뀐 전략 목표를 따라가기까지 꽤 오랜 시간이 걸렸다.

두 번째는 구조적 분리를 통해 탐색과 활용을 관리하는 구조적 양손잡이structural ambidexterity 조직이다. 글로벌 식품기업인 네슬레는 탐색과 활용을 담당하는 조직을 구조적으로 분리하는 구조적 양손잡이 조직을 구현함으로써 탐색과 활용의 역설을 관리하고자 했다. 상호 보완적인 목표를 수행하는 조직을 분리함으로써 복잡다단한 관계를 정리하고자 한 것이다. 이와 동시에 경영진은 두 조직의 구조적 간극을 연결하는 통일된 비전을 제시하고 탈중심적인 문화를 구축

순차적, 구조적, 맥락적 양손잡이 조직 비교[1]

	순차적 양손잡이	구조적 양손잡이	맥락적 양손잡이
조직화 방식	시간에 따라 순차적으로 전략 목표를 바꿈	다른 역할을 담당하는 조직을 구조적으로 분리	이질적인 활동을 통합하는 조직적 맥락 제공
필요 역량	경영진과 조직 구성원의 장기적인 이해관계 일치	통일된 조직의 비전 탈중심적 문화	유연성 창업가 정신
인력 개발	직무 순환제 도입	다양한 커리어 트랙 장기적 커리어 개발	다재 다능한 양손잡이형 인재 육성
잠재적 문제	정체성 위기 구조적 관성	협력의 어려움 불필요한 내부 경쟁	실현 가능성이 낮음

함으로써 전사적인 협력을 도모하고자 했다. 또한 조직 구성원들에게는 다양한 커리어 트랙을 제공함으로써 장기적인 관점에서 경력을 관리할 수 있도록 지원하고자 노력했다. 하지만 구조적으로 분리된 조직이 협력을 도모하는 것은 생각만큼 쉽지 않았고 불필요한 내부 경쟁이 발생하기도 했다.

세 번째는 탐색과 활용의 역설을 정면 돌파하는 맥락적 양손잡이 contextual ambidexterity 조직이다. 세계적인 헬스케어 회사인 글락소 스미스클라인GSK은 기본적으로 역설적인 관계에 놓여 있는 탐색과 활용을 통합할 수 있는 조직적인 맥락을 제공함으로써 맥락적 양손잡이 조직을 구현하고자 노력했다. 글락소 스미스클라인은 하나의 부서가 탐색과 활용이라는 이질적인 활동을 동시에 추구할 수 있도록 유연성과 창업가 정신을 강조하는 투명한 조직문화를 구축하기 위해 노력했다. 그뿐만 아니라 탐색과 활용을 동시에 수행할 수 있는 다재 다능한 양손잡이형 인재를 육성하고자 노력했다. 하지만 역설적인 관계에 놓여 있는 탐색과 활용을 동시에 실행할 수 있는 조직을 구현한다는 전략은 안타깝게도 다소 실현 가능성이 작았다.

앞서 살펴본 세 가지 유형의 양손잡이 조직은 각각 서로 다른 측면에서 장단점이 있는 불완전한 해법이다. 따라서 일각에서는 세 가지 유형의 단점은 보완하고 장점은 살릴 수 있는 동적 양손잡이dynamic ambidexterity를 구현해야 한다고 주장하기도 한다. 이는 기존에 제시된 해법들을 다차원적인 관점에서 동시에 실행에 옮기는 전략이다. 예컨대 전체 법인 수준에서는 네슬레처럼 탐색과 활용을 담당하는 사업부를 분리하고, 사업 부문 수준에서는 글락소 스미스클라인처럼 탐색과 활용을 통합할 수 있는 조직적 맥락을 구현하기 위해 노력하고, 그리고 개별 프로젝트 수준에서는 BMW처럼 탐색과 활용을 순차적으로 강조해야 한다는 것이다.

하지만 이러한 시도는 조직 관리의 복잡성을 지나치게 높여 의도하지 않은 결과를 가져올 수 있다. 동적 양손잡이 조직이 새로운 종합으로써 작동할 수 있을 것인지, 아니면 기존의 해법들의 약점을 한꺼번에 모아놓은 문제 집합소가 될 것인지는 아직 지켜봐야 할 것 같다. 인류는 탐색과 활용의 역설을 관리하기 위한 양손잡이 조직을 구현하기 위해 계속해서 새로운 도전을 시도하고 있다. 하지만 아직 완벽한 양손잡이 조직은 없다. 적절한 균형을 찾기 위한 끊임없는 노력만이 있을 뿐이다.

3

외적 다양성은
경쟁과 협력에서 비롯된다

OIO

　동적 역량을 확보하기 위해서 디지털 리더들은 내적 다양성뿐만 아니라 경쟁과 협력에서 비롯되는 외적 다양성을 동시에 추구해야 한다. 하지만 경제학자들은 흔히 경쟁의 반대말을 독점이라고 하고 사회학자들은 경쟁의 반대말을 협력이라고 한다. 관점에 따라 경쟁을 시장 경제의 근간을 이루는 필수 불가결한 요소로 바라보기도 하고 사회적인 협력을 방해하는 다소 부정적인 요소로 바라볼 수 있다는 것은 매우 흥미롭다.

　생존 경쟁을 벌이는 비즈니스 환경에서 협력은 쉽지 않다. 협력보다 독점을 향한 치열한 경쟁을 위한 전사적 노력이 우선일 때가 많다. 고객들이 볼 때는 이해되지 않는 경쟁에 휘말려 서로 출혈을 강요하는 것도 심심찮게 볼 수 있다. 그런데 경쟁에서 이긴다고 해서

남는 것은 상처뿐인 영광이라면 무슨 소용이 있겠는가. 때론 협력이 치열한 경쟁 관계에 놓인 처지라도 서로가 윈-윈 할 수 있는 중요한 기반이 될 수 있다.

지난 2005년에 제너럴모터스는 도요타와 협력을 도모했다. 알다시피 완성차 업계의 경쟁은 매우 치열하다. 더군다나 일본과 미국의 자동차 업계는 전쟁을 연상시킬 만큼 대립하고 있었다. 그런데 두 회사는 수소 연료 전지 개발을 위해 각자가 가지고 있는 정보를 교환하기로 했다. 이 회사들 말고도 포드와 닛산은 도요타의 하이브리드 엔진 기술을 적용한다고 합의했다. 세계 유수의 완성차 업체들이 손을 맞잡은 것이다.

사실 이즈음에 자동차 회사들은 골머리를 앓고 있었다. 각국의 정부와 지자체는 갈수록 대기오염을 우려해 자동차의 배기가스 규제를 강화했다. 완성차 업체들로서는 새로운 대안을 마련해야만 하는 상황에 놓인 것이다. 그렇지 않고서는 막대한 벌금과 같은 규제를 받을 수밖에 없다. 또 자칫 배기가스 절감에 성공한 경쟁 업체에 시장을 빼앗길 수도 있었다. 그러나 기존의 내연 기관 중심에서 새로운 대체 엔진을 만든다는 것은 엄청난 프로젝트였다. 비용과 실패에 대한 부담은 한 회사의 존망을 결정지을 수도 있었다. 새로운 시장 환경의 변화에 대응하기 위한 완성차 업체의 선택은 경쟁이 아니라 협력이었다. 이미 독자적으로 시장을 선점, 즉 독점하겠다고 쏟아부은 돈은 천문학적이었다. 더는 경쟁으로 출혈을 방치할 수는 없었다.

자동차 업계의 사례처럼 기업의 명운을 결정하는 전략적 의사결정을 내리는 경영진들은 경쟁을 어떻게 바라보아야 하는가? 독점적인 시장 지위를 유지하기 위해서는 과연 법에 저촉되지 않는 선에서 최대한 경쟁을 피해야만 하는 것일까?

블루오션 전략과 레드 퀸 전략을 뛰어넘어라

환경에 따라 기업의 경영 전략은 계속해서 변화하게 마련이다. 공급이 수요를 따라가지 못하는 초과공급 상황이 오랫동안 지속됐던 먼 과거에는 특별한 전략 없이도 그저 물건을 안정적으로 생산해낼 능력만 갖추면 충분히 성공할 수 있었다. 한때 포드가 단일 모델만으로 미국 자동차 시장을 주름잡을 수 있었던 배경이기도 하다. 하지만 세상은 변화하고 있고 변화의 속도는 전반적으로 빨라지고 있다. 이제는 상시적인 혁신을 준비하기 위한 전략이 필요하다. 아무리 높은 방벽을 쌓아도 변화의 물결은 막을 수 없다. 작은 우물 안에 갇혀 경쟁이 없는 푸른 바다를 상상하는 것은 자유이다. 하지만 어설프게 쌓아올린 낮은 돌담이 과연 치열한 생존 경쟁에서 비롯되는 압박을 얼마나 오랫동안 막아줄 수 있을지는 의문이다.

기업이 성공하기 위해서는 경쟁이 없는 새로운 시장을 찾아 나서야 한다는 블루오션 전략은 이미 많은 경영자에게 너무나도 익숙한 상식처럼 받아들여지고 있다. 경영자들은 블루오션 전략이 처음 등장했을 때만 해도 하루하루 피 말리는 경쟁의 압박에서 벗어나 독점

블루오션 전략

블루오션 전략의 성공 사례는 대부분 사후적으로 합리화됐다. 그런 점에서 과연 블루오션 전략이 실천 가능한 전략인지에 대해서는 심각하게 고민해보아야 할 문제이다.

적인 시장 지위를 누릴 수 있을 것이라는 생각에 크게 열광했다. 시장은 정태적이지 않고 변화하기 때문에 아직 누구도 발을 들이지 않은 새로운 시장이 있다. 이를 경쟁자들보다 먼저 발견하고 진입 장벽을 쌓기만 하면 독점적인 지위를 누릴 수 있을 것이라는 상상은 얼마나 달콤한가?

하지만 블루오션 전략의 성공 사례는 대부분 사후적으로 합리화됐다. 그런 점에서 과연 블루오션 전략이 실천 가능한 전략인지에 대해서는 심각하게 고민해보아야 할 문제이다. 게다가 블루오션 전략이 인기를 얻었던 과거에 비해 현재 산업 환경의 변화 속도는 점점 더 빨라지고 있다는 사실에도 주목해야 한다. 경쟁자들이 나아갈 동안 자신이 쌓아올린 방벽 안에서만 머물다가는 결국 변화에 뒤처져 도태되고 말 것이다. 한때 자원이 풍족한 바다처럼 보였던 시장이 사실은 작은 우물에 불과했다는 사실을 깨닫게 됐을 때는 매서운 독수리의 발톱 사이에 낀 작은 우물 안의 큰 개구리 신세를 면하지 못하게 될 것이다. 블루오션 전략이 과거 정태적인 관점에서 비롯된 전략을 넘어섰던 것처럼 이제는 초경쟁 사회의 특성을 이해함으로써 블루오션 전략의 한계를 넘어서야 한다.

그렇다면 디지털 리더들은 블루오션 전략을 넘어서기 위해 어떠한 전략을 추구해야 하는가? 조직이 살아남기 위해서는 끊임없이 환경 변화에 적응해야 한다는 점을 강조하는 조직학습이론에서 레드퀸 전략과 쿠션 전략이라는 새로운 전략이 제시됐다. 두 전략은 경쟁을 회피하기보다는 경쟁을 통해 학습해야 한다는 관점에서 출발하기 때문에 경쟁을 조직의 생존과 번영에 위협적인 요인으로 간주하는 블루오션 전략과는 극명하게 대비된다. 그렇다면 위협처럼 느껴지는 치열한 생존 경쟁에 적극적으로 뛰어들어야만 하는 이유는 무엇인가?

스탠퍼드 대학교 경영학과의 윌리엄 바넷William Barnett 교수는 루이스 캐럴Leewis Carroll이 쓴 동화『거울 나라의 앨리스』에서 자신의 진로와 정반대로 움직이는 바닥 위에서는 한참을 달려도 결국 제자리걸음밖에 할 수 없었던 주인공을 떠올리며 레드퀸 전략의 개념을 제시했다. 바넷 교수에 의하면 초경쟁 사회에서 경쟁의 반대말은 독점적인 지위를 향유하는 것이 아니라 도태 또는 현상 유지에 안주하는 것을 의미한다. 블루오션 전략의 밑바탕에는 경쟁은 조직의 생존에 위협으로 작용한다는 전제가 깔려 있다. 하지만 연구결과에 의하면 역

거울 나라의 앨리스

설적으로 경쟁 경험에 더 많이 노출된 조직일수록 장기적인 관점에서는 실패할 확률이 더 낮았다. 치열한 경쟁 속에 노출된 조직은 현재의 불만족스러운 상황을 개선하기 위해 끊임없이 문제해결적 탐색을 감행하기 때문이다. 경쟁은 조직학습을 촉진하는 핵심 동력이다. 반대로 장기간 독점적인 시장 지위를 유지하며 대적할 만한 상대를 찾지 못했던 조직들은 현상 유지에 만족하게 된다. 결국 신흥 강자의 등장과 함께 자취를 감추기 쉽다. 예컨대 미국에서 주state별로 은행 지점 설립과 관련된 법률이 달라 한때 경쟁이 없는 안정적인 시장 환경에서 독점적인 지위를 누렸던 은행들은 쇠락의 길을 걷게 된 반면 오히려 살아남기 위해서는 치열에 경쟁에 참여할 수밖에 없었던 다른 은행들은 혁신을 기듭하며 경쟁력을 높일 수 있었다.

한국의 많은 경영자도 한때 블루오션 전략에 열광했지만 사실 그들은 오히려 치열한 경쟁 환경에 뛰어들기 위해 적극적으로 노력했던 모험가에 가까웠다. 1986년 현대 자동차는 이미 포화 시장이라고 여겨지던 미국 자동차 시장에 진출함으로써 오히려 당시의 부족한 기술력을 더욱 빠르게 발전시키는 성장의 기회를 얻게 됐다. 비교적 최근의 사례로는 지상파와의 직접적인 경쟁을 회피했던 다른 종합 편성 채널들과는 달리 언론의 본질에 집중하며 지상파 채널들과 정면승부를 걸었던 JTBC가 국민적인 신뢰를 얻기도 했다. 레드퀸 전략의 DNA는 이 세상에 영원한 강자는 없고 오직 앞으로 나아가기 위해 끊임없이 노력하는 자만이 살아남을 수 있다는 것이다. 그건 어쩌면 우리도 모르는 사이에 우리의 마음속에 뿌리 깊게 자리잡고 있을지도 모른다. 이제는 세계를 선도하는 한국 기업의 디지털 리더들이 과거 게으른 강자의 처참한 뒤안길을 따르지 않기를 바랄 뿐이다.

쿠션 전략과 열린 혁신의 협력을 꾀하라

앞서 경쟁 회피형 전략인 블루오션 전략의 허상에서 경쟁에 적극적으로 참여하는 조직만이 살아남을 수 있다는 현실의 치열함을 다시 한번 확인할 수 있었다. 그러나 모든 경쟁이 조직의 성장과 발전에 도움이 되는 것은 아니다. 예컨대 과도한 프로모션이나 가격 할인 등 불필요한 출혈 경쟁에 열을 올리게 되면 산업 전반이 어려움에 부닥치게 되는 것은 물론 장기적으로 고객에게도 큰 부담을 떠넘기게

경쟁의 새로운 차원을 제시하는 쿠션 전략

될 수 있다. 따라서 디지털 리더들은 불필요한 경쟁은 피하면서도 치열한 경쟁을 통한 학습 기회는 최대한 활용할 수 있는 새로운 전략을 모색해야 한다. 그러한 측면에서 새로운 경쟁의 차원을 제시함으로써 출혈 경쟁을 우회하는 쿠션 전략은 블루오션 전략과 레드퀸 전략의 역설적인 관점을 통합하는 제3의 전략이라고 할 수 있다.

당구나 포켓볼 경기에서는 수구와 목적구를 일직선상으로 연결할 때 다른 공이 수구의 진로를 방해하는 상황이 심심치 않게 발생한다. 그럴 때는 당구대 외곽의 쿠션을 이용하면 다른 공과 원하지 않는 충돌을 최소화하면서도 수구를 원하는 위치로 이동시킬 수 있다. 초경쟁 사회에서 경쟁은 조직의 장기적인 생존과 번영을 위해 반드시 필요한 학습 기회를 제공해준다. 하지만 그렇다고 해서 모든 경쟁이 조직의 성장에 유용한 것은 아니다. 따라서 불필요한 경쟁을 피하면서도 경쟁을 통해 혁신을 감행하기 위해서는 블루오션 전략이나 레드퀸 전략이 아닌 제3의 전략을 모색해야 한다. 원하는 위치로 공을 이동시키기 위해 새로운 면의 마찰력을 이용하되 다른 공과의 직접 접촉은 최소화하는 당구 기술에서 착안한 쿠션 전략은 이러한 목적에 들어맞는 새로운 전략이라고 할 수 있다.

그렇다면 디지털 리더들은 쿠션 전략을 추구하기 위해 어떠한 노력을 기울여야 하는가? 동종업계의 선두 주자들이 조금이라도 더 많은 고객을 확보하기 위해 치열한 가격 경쟁을 벌이는 성숙한 시장에 이전과 다른 새로운 카테고리의 제품이나 서비스를 소개함으로써 경쟁의 새로운 차원을 제시할 수 있을 것이다. 이러한 전략은 경쟁이 없지만 그만큼 충분한 시장 기반이 마련되지 않은 미성숙한 시장을 찾아 진입 장벽을 쌓는 것을 목표로 하는 경쟁 회피형 전략과는 대비된다.

초경쟁 시대에 진입 장벽을 쌓는 것은 시간을 역행하는 전략일 뿐더러 새로운 시장에 앞으로 더 많은 고객이 유입될 것이라는 보장도 없다. 따라서 쿠션 전략은 이미 성숙한 시장에 침투하는 것을 목표로 한다. 하지만 이미 성숙한 시장의 기존 제품이나 기존 서비스 카테고리 내에서 가격 할인을 하거나 가격 대비 품질을 높이는 방식으로는 차별화하기가 매우 어렵다. 이미 경쟁자들도 동일한 방식으로 경쟁을 하고 있기 때문이다. 쿠션 전략을 추구하기 위해서는 기존 고객들에게 새로운 가치를 제공하는 혁신을 감행해야 한다.

아모레퍼시픽은 기존의 제품군과는 차별화된 쿠션 화장품(기존에 각각 별도로 사용하던 다양한 기초 화장품을 하나로 합치고 쉽게 사용할 수 있게 만든 제품)이라는 신규 카테고리의 제품을 출시함으로써 국내는 물론 해외 고객들에게도 큰 파장을 일으켰다. 쿠션 화장품은 기존 소비자들의 뷰티 루틴을 개선하는 혁신을 도모함으로써 과도한 프로모션이나 가격 할인과 같은 출혈 경쟁을 우회하면서도 큰 성공을 거둘 수 있었다.

이러한 전략은 경쟁이 치열한 시장에 침투해 경쟁을 선도한다는 점에서는 분명 레드퀸 전략과 같은 경쟁 참여형 전략이라고 할 수 있다. 차별화를 통해 출혈 경쟁을 우회한다는 점에서는 블루오션 전략과도 어느 정도 맞닿아 있다. 그러나 쿠션 전략의 핵심은 결국 경쟁을 회피하는 것이 아니라 경쟁을 선도하는 혁신을 추구하는 것이다. 따라서 디지털 시대를 선도하기 위해서는 경쟁이 없는 시장을 찾는 것이 아니라 치열한 경쟁 상황에서도 고객의 이목을 집중시킬 수 있는 새로운 가치를 창출하기 위해 노력해야 한다.

마지막으로 열린 혁신, 즉 경쟁만큼이나 협력도 중요하다는 것을 인식해야 한다. 블루오션 전략의 한계를 넘어서기 위해서는 경쟁에 적극적으로 참여해야 한다. 하지만 환경 변화에 잘 적응하는 것을 넘어 혁신을 선도하기 위해서는 경쟁만큼이나 협력도 중요하다. 조직의 경계를 넘어 협력할 때 비로소 글로벌 혁신 생태계에 분산된 전문성을 온전히 활용할 수 있기 때문이다.

반대로 조직 내부에 뛰어난 전문가 집단을 갖춘 기업이라고 할지라도 제3자가 개발한 지식이나 연구를 배척하는 NIH 증후군notinvented-here syndrome에 빠지게 되면 이미 누군가 발명한 바퀴를 재발명하느라 귀한 시간과 자원을 낭비하게 될 수도 있다. 따라서 변화하는 환경에 민첩하게 대응하기 위해서는 조직과 산업의 경계를 넘어 협력하고 학계와 소통함으로써 건강한 학습 공동체를 형성해야 한다.

혁신을 위해 앞만 보고 달리다 보면 간혹 주변 상황을 잘 살피지 못하는 경우가 생긴다. 특히 조직 내부에 이미 업계 최고 전문가들이 포진한다는 자부심이 커질수록 외부의 혁신 성과를 좀처럼 신뢰하지 않는 분위기가 형성될 수도 있다. 문제는 그러다 보면 이미 누군가 우리 조직의 혁신에 필요한 발명품을 개발해놓았음에도 불구하고 거의 유사한 제품이나 서비스를 독자적으로 개발하며 자원을 낭비하는 상황이 발생하기도 한다. 다른 조직에서 개발한 제품이나 서비스에 예속되는 상황을 피하기 위해 의도적으로 새로운 제품이나 서비스를 독자적으로 개발한 것이 아니라면 일종의 중복 투자가 발생한 것이다.

이렇게 외부의 혁신 성과를 제대로 활용하지 못한 채 독자적인 기술 개발만을 고집하는 상황을 빗대어 바퀴를 재발명한다고 표현한다. 이미 누군가 둥근 형태의 바퀴를 개발해놓았음에도 불구하고 수레에 달린 각진 바퀴로 힘겹게 나아가는 모습을 재치 있게 표현한 다음의 삽화는 바퀴를 재발명하려는 시도가 얼마나 무가치하고 어리석은 행동인지 단적으로 보여준다.

물론 서로 다른 이해관계를 가진 조직들이 함께 협력해 혁신을 주도하는 것은 매우 어려운 일이다. 다른 조직과 장기적인 협력 관계를

바퀴의 재발명

유지하기 위해서는 각자 독립적으로 혁신을 추구할 때보다 더 많은 가치를 창출할 수 있어야 한다. 그뿐만 아니라 가치 확보 과정에서도 상생을 도모할 방책을 마련해야 하기 때문이다. 또한 직간접적인 경쟁자와 협업하는 과정에서는 기술 혹은 인재 유출과 같은 문제를 예방하기 위한 대책도 마련해두어야 한다.

그렇다면 열린 혁신을 도모하기 위해 리더들은 어떠한 노력을 기울여야 하는가? 첫째, 뛰어난 실력을 갖춘 기업 중에서도 신뢰할 수 있는 파트너를 찾아야 한다. 이 과정에서는 해당 조직의 과거 협력 경험과 평판 등을 종합적으로 고려해야 한다. 둘째, 파트너 간의 목표 일치를 이루어내야 한다. 상호 합의할 수 있는 공통의 목표를 설정해 협력의 방향성과 투자와 지원 정도에 대한 가이드 라인을 마련해야 한다. 셋째, 적절한 협력 방법을 선택함으로써 잠재적인 위험을 줄이면서도 파트너십에 대한 기여도를 높일 방법을 모색해야 한다. 예를 들어 투자의 규모와 현재 기술의 발전 단계 등 다양한 요소를 고려해 협력 기간이나 지분 참여 여부 등을 달리해야 한다. 열린 혁신은 그 자체로 목적이 아닌 가치창출과 확보를 위한 수단이므로 적절한 파트너를 찾는 것만큼이나 적절한 협력 방법을 선택하는 것 또한 매우 중요하다. 넷째, 열린 혁신을 추구하는 과정에서도 내부적인 혁신 역량을 유지하고 개발하려는 끊임없는 노력이 필요하다는 점을 강조하고 싶다. 외부에 신뢰할 수 있는 뛰어난 파트너가 존재한다고 하더라도 내부 혁신 역량을 개발하는 노력을 소홀히 하면 일방향적인 의존 관계가 형성될 수 있기 때문이다. 또한 외부의 환경 변화를 민첩하게 감지하고 파트너십을 통한 혁신의 진척도를 올바르게 파악하기 위해서라도 내부적인 혁신 역량은 지속적으로 개발해야 한다. 열린 혁신은 내부 혁신 역량의 보완재이지 대체재가 아니다.

4장

디지털 트랜스포메이션 실행을 위한 리더십

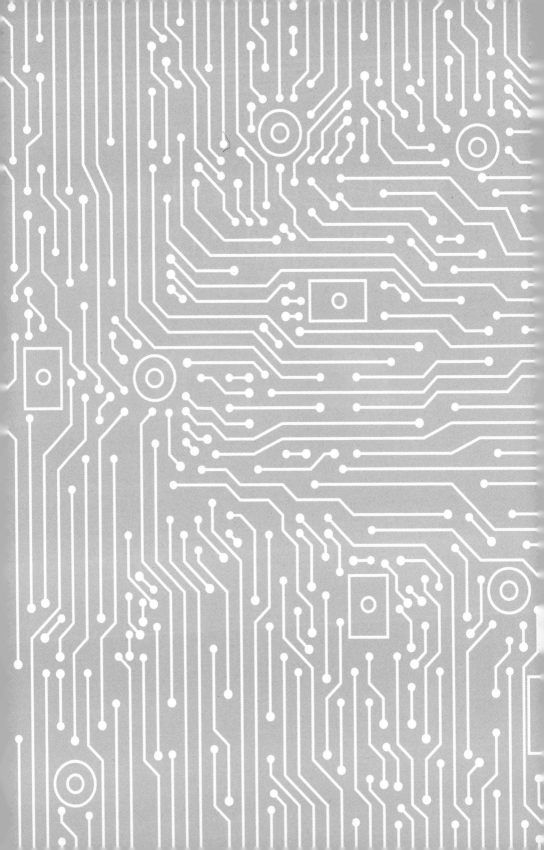

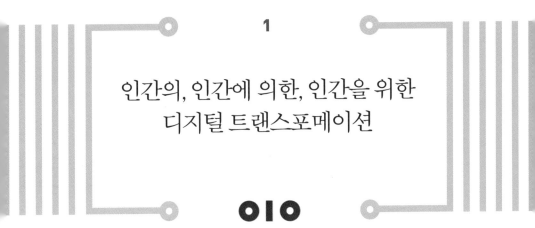

1

인간의, 인간에 의한, 인간을 위한 디지털 트랜스포메이션

서울의 한 영화관에서는 한때 기존 매표창구를 없애고 키오스크를 통해서만 매표 업무가 가능하도록 변화를 시도한 적이 있었다. 매표창구 이용 고객이 점차 줄어들고 있었기에 키오스크를 설치해도 되리라 판단했던 것이다. 그런데 그러자 일부 고객들이 아예 영화를 보지 못하고 집으로 발걸음을 돌리거나 키오스크 사용을 도와줄 직원이 나타날 때까지 한참을 기다려야 했다. 결국 민원이 빗발쳤고 해당 영화관에서는 다시 매표창구를 운영하게 됐다.

디지털 소외 현상은 비단 영화관에만 국한되는 게 아니다. 한때 명절을 앞두고 모바일 앱을 활용한 열차 예매가 급격하게 늘어나면서 미리 좌석을 구하지 못한 어르신들은 입석을 이용하게 됐다. 그 결과 젊은이들은 자신이 정당하게 구매한 좌석에 앉아 있으면서도 여행

디지털 소외

내내 불편한 마음을 지울 수 없었던 기현상이 연출되기도 했다.

　그 외에도 대형마트의 셀프 계산 코너가 늘어나면서 점원의 도움이 필요하거나 일반 계산대를 이용하고자 하는 고객들은 이전보다 배로 늘어난 대기 시간에 고통받게 됐다. 이보다 더 심한 경우에 디지털 이주민들은 아예 업장 출입을 제한받기도 한다. 코로나19 방역으로 인해 출입 명부를 작성해야 한다. 그런데 수기 명부를 운영하지 않는 경우 QR 코드 사용이 익숙하지 않은 어르신들은 식당 입구에서부터 난관에 부딪히게 되는 것이다.

디지털 소외와 인간에 대한 이해를 고민하라

2016년 칸 영화제에서 황금종려상을 받은 영화 「나, 다니엘 블레이크」에서는 디지털 소외를 더욱 극적으로 표현하기도 했다. 이 영화는 주인공 다니엘과 의료진의 대화로 시작한다. 심장병을 앓는 목수 다니엘은 겉으로 봤을 때는 멀쩡하다. 그러나 병원의 의사는 그가 더는 일할 수 있는 상태가 아니라고 한다. 그럼에도 그는 어쩔 수 없이 생계를 위해 이것저것 알아보는데 질병 수당조차 받지 못하는 일이 벌어진다. 지원센터는 구직활동을 하라고 하며 이런저런 증명을 하라는데 죄다 인터넷으로 확인하라고 한다. 그는 평생 목수로 일했기에 인터넷이 서툴 수밖에 없다. 한마디로 그는 디지털 소외로 마땅히 누려야 할 권리마저도 잃어버리게 되고 말았다.

인류의 생활에 편의를 제공하기 위한 디지털 기술의 발전이 위협으로 다가오는 것은 결코 특정한 개인이 해결할 수 있는 문제가 아니다. 특히 디지털 기술의 발전은 그 광범위한 파급력으로 인해 이제는 직원들의 일자리 걱정을 넘어 고객들의 설 자리마저 위협하고 있다. 이러한 상황을 타개하기 위해서는 기술 발전으로 인한 내외부 고객의 소외를 최소화하면서도 조직과 사회의 발전에 동시에 이바지할 방법에 대해 고민해보아야 한다. 조직의 경계를 넘어 모두가 디지털 트랜스포메이션에 동참할 수 있도록 하는 방법을 논의해야 할 시점이다.

인간의, 인간에 의한, 인간을 위한 디지털 트랜스포메이션이 필요한 시대이다. 하지만 조직 내외부에는 아직 디지털 세계가 낯설기만한 디지털 이주민들이 있다. 조직 내부의 디지털 이주민(비교적 최근에 디지털 기술을 접하고 사용하기 시작한 사람)들은 디지털 기술의 발전이 장기적으로 자신의 일자리를 위협할 것이라는 걱정을 하고 있다. 이와동시에 조직 외부에는 디지털 기술이 보편화될수록 편리함을 누리는 것이 아니라 오히려 불편함을 감수해야 하는 디지털 이주민들이있다. 정보 격차가 심화될수록 저소득층, 장애인, 농어민, 고령층 등정보 취약 계층의 상대적 박탈감은 늘어만 가고 있다. 그리고 최악의경우 조직 외부의 디지털 이주민들은 잠재적인 고객의 지위마저 위협받고 있다. 따라서 디지털 리더들은 채용과 재교육을 통해 조직 내부에 비즈니스 역량을 갖춘 디지털 원주민(원래부터 디지털 기술을 사용해 온 사람들, 즉 MZ세대나 디지털 부분에서 일해온 사람들)의 비율을 높이고디지털 트랜스포메이션 과정에서 배제될 위기에 놓여 있는 잠재 고객들까지도 변화의 물결에 동참할 수 있도록 노력해야 한다.

디지털 트랜스포메이션을 준비하는 과정에서 디지털 리더들은조직 내부에 디지털 원주민의 비율을 높임으로써 디지털 기술에 익숙한 고객을 주요 대상으로 한 제품이나 서비스를 개발하는 데 열을올리고 있다. 그런데 문제는 이러한 과정에서 조직 내부의 디지털 이주민들이 점차 소외되고 있으며 디지털 기술이 익숙하지 않은 잠재고객들은 의도치 않게 배제될 수 있다.

조직 내외부의 디지털 소외는 조직 구성원들 사이에 갈등을 일으키고 조직 외부에 잠재된 수익 창출 기회를 낭비하는 두 가지 부정적

디지털 소외를 극복하기 위한 학습 공동체

인 결과를 가져온다. 디지털 리더들은 조직 내외부의 디지털 격차를 줄이기 위해 조직 구성원들의 자발적인 연합을 지원해야 한다. 그럼으로써 조직 구성원들은 물론 조직 외부에 소외된 사람들까지도 포괄할 수 있는 대승적인 차원의 혁신을 준비해야 한다. 요컨대 디지털 소외를 좀 더 적극적으로 해결하기 위해서는 학습 공동체가 자생할 수 있는 환경적인 여건을 마련함으로써 공식적인 조직의 혁신 역량을 보완해야 한다.

학습 공동체는 특정 분야에 관한 관심이나 열정을 공유하는 사람들이 정기적으로 상호작용하는 과정에서 자생적으로 발생하는 비공식적인 집단을 의미한다. 더 구체적으로 학습 공동체는 공통의 관심 분야, 공동체, 그리고 실천 방식 등 세 가지 구성요소로 이루어져 있다. 학습 공동체는 공통의 관심사가 부재한 일반적인 친목 모임과는 구분된다. 정기적인 상호작용을 바탕으로 공동의 과업을 수행하기 위해 적극적으로 연합하고 나름의 실천 방식을 공유하는 실천 지향적인 집단이다.

그렇다면 학습 공동체는 디지털 소외를 극복하는 데 어떠한 역할을 할 수 있는가? 학습 공동체는 디지털 이주민과 원주민 사이의 자발적인 커뮤니케이션을 강화함으로써 서로의 부족한 부분을 보완할 수 있는 계기를 마련해줄 것이다. 과거에는 직급이 높고 연차가 오래된 사람일수록 더 유능할 것이라는 생각이 곧잘 들어맞았다. 하지만 이제는 뛰어난 비즈니스 역량을 갖춘 상급자라도 디지털을 사용하는 간단한 업무 처리를 위해 후배들에게 도움을 요청해야 하는 일이 허다하다.

반대로 뛰어난 디지털 역량을 갖춘 젊은 인재들은 새로운 프로젝트의 성과를 예측하거나 디지털 기술을 활용해 수익을 창출하는 비즈니스 모델을 구축하는 데 많은 어려움을 겪고 있다. 따라서 공동의 문제를 해결하기 위해 지식과 정보를 교환하고 자신이 축적해온 전문성을 활용해 서로를 적극적으로 도와주는 학습 공동체를 형성한다면 디지털 이주민과 원주민의 비대칭적인 역량 수준을 상호 보완할 수 있을 것이다.

조직 내부의 디지털 소외를 극복하기 위해 노력하는 과정에서 디지털 피라미드의 밑바닥에 있는 소외된 이웃들을 배려하는 새로운 혁신의 단초를 얻을 수도 있을 것이다. 디지털 트랜스포메이션 과정에 수반되는 조직 내부의 갈등을 완화하고 조직 외부의 디지털 소외를 역이용하기 위해서는 학습 공동체가 자생할 수 있는 조직적 맥락

휴렛팩커드 e헬스 센터

(출처: hp.com)

을 마련해야 한다.

그렇다면 자발적인 학습 공동체가 뿌리내리기 위해 디지털 리더들은 어떠한 노력을 기울여야 하는가? 학습 공동체가 자생하기 위해서는 우선 공식적인 조직의 경계를 넘어 자유로운 소통이 가능한 환경을 마련하는 것이 필수적이다. 또한 업무 시간의 일부를 학습 공동체 활동에 할애할 수 있도록 성과에 대한 압박을 줄이고 업무 강도를 조정해야 한다. 만약 성과는 성과대로 내야 하고 추가로 학습 공동체 활동까지 해야 한다면 조직 구성원들은 더는 흥미가 아닌 근성으로 일할 수밖에 없게 된다. 결국 건강한 학습 공동체가 뿌리내리기 위해서는 자발적인 참여에 기반한 상향식 혁신을 추구할 수 있는 수평적인 조직 구조와 시간적인 여유가 보장돼야 한다.

인도의 보건의료 시스템을 혁신한 휴렛팩커드의 e헬스 센터 사례는 디지털 소외를 극복하기 위해 학습 공동체를 적극적으로 활용한 대표적인 사례라고 할 수 있다. 휴렛팩커드는 디지털 트랜스포메이션을 통해 원격 의료 서비스를 제공함으로써 더 많은 일자리를 창출했을 뿐만 아니라 기존 의료 시스템에서 소외됐던 다양한 계층을 포괄할 수 있도록 의료 시스템을 혁신할 수 있었다. 2014년 기준 공공 의료기관의 병상 73퍼센트가 도시에 있는 인도에서는 지역 간 의료 서비스의 불균형 분포가 매우 심각한 사회 문제였다. 농촌에 거주하는 소외된 계층들은 오랜 시간 동안 의료 사각지대에서 고통받았다. 휴렛팩커드는 1957년부터 글로벌 시민정신을 실현하는 것을 회사의 중요한 목표로 삼고 이러한 사회 문제를 해결하기 위해 클라우드와 스토리지 기술을 바탕으로 인도 정부와 의료기관과 협력함으로써 원격 진료를 지원하는 e헬스 센터를 설립했다.

의료 서비스의 불균형 분포를 해결하기 위해 협력하는 학습 공동체는 2015년 말 인도 17개 주에 52개의 센터를 개소할 수 있었고 그 결과 진료를 받기 위해 이동하고 대기하는 과정에서 환자가 지출해야 했던 의료비용의 90퍼센트를 절감할 수 있었다. 이후에도 e헬스 센터는 2020년 1월까지 100만 건의 원격 진료를 가능하게 했다. 또 인도 정부와 협력해 2025년까지 결핵을 퇴치하기 위한 노력을 지속하고 있다. 결국 인간의, 인간에 의한, 인간을 위한 디지털 기술의 발전은 공식적인 조직과 비공식적인 학습 공동체의 긴밀한 협력을 통해 이루어진다.

내외부 다양성을 활용하기 위한 연결망을 구축하라

많은 기업이 디지털 역량을 갖춘 소수의 인재를 조금이라도 더 빨리 많이 영입하고자 혈안이 돼 있다. 하지만 정작 디지털 기술을 미래 비즈니스 모델에 어떻게 연계할 것인가에 대한 고민은 소홀히 하고 있다는 것이다. 구슬이 서 말이라도 꿰어야 보배라는 말이 무색하게도 많은 조직은 최고의 디지털 인재들을 수집하는 데만 최선의 노력을 다하고 있다. 하지만 동적 역량을 확보하고 미래의 변화를 선도하기 위해서는 조직 내부에 다양한 분야의 디지털 인재를 등용하는 것만큼이나 조직 내외부의 다양성을 최대한 활용할 수 있는 연결망을 구축하는 것이 중요하다.

혁신은 결국 사람과 사람의 만남을 통해 이루어진다. 그런데 모든 만남이 혁신으로 이어지는 것은 아니다. 때론 특별한 인연 없이는 뛰어난 아이디어도 빛을 보지 못하고 사장되기도 한다. 예컨대 자신과 거의 유사한 생각을 하는 사람들과 오래 교류하다 보면 새로운 생각 자체를 하기 어려워질 수 있다. 순간 번뜩이는 아이디어가 떠올랐다고 하더라도 신뢰할 수 있는 동료들의 도움 없이는 충분히 발전시키기 어렵다. 이외에도 상사나 동료들의 충분한 지지를 얻지 못해 새로운 프로젝트를 성공적으로 완수하기 위한 투자나 지원을 얻지 못할 때도 있다. 결국 창의적인 아이디어가 성과를 창출하기 위한 비즈니스 혁신으로 이어지기 위해서는 아이디어의 발전 단계에 따라 적절한 지원과 협력이 필요하다. 우선 창의적인 아이디어가 비즈니스 혁신으로 이어지기까지의 여정을 4단계로 분류하고 각각의 상황에 따라 적합한 연결망을 구축하기 위한 조직 관리 방법에 대해서도 함께 생각해보고자 한다.

먼저 착상 단계이다. 나와 다른 사람을 만나 인지적 유연성을 확보하는 단계이다. 혁신은 착상에서 시작된다. 착상은 수많은 아이디어 중에서 더 가치 있고 유용한 생각을 추려낸다는 점에서 단순한 브레인스토밍과는 구별된다. 브레인스토밍은 아이디어의 유용성을 판단하지 않고 단순히 많은 양의 생각을 축적해나가는 것을 목표로 한다. 반면 착상은 한 단계 더 나아가 미래에 실질적인 성과를 창출할 수 있을 것으로 기대되는 핵심적인 아이디어를 추려내는 것을 목표로 한다. 착상 단계에서는 기존의 생각에서 벗어나 새롭고 유용한 아이디어를 만들어내기 위한 인지적 유연성이 필요하다.

인지적 유연성을 확보하기 위해서는 자신이 가지고 있던 기존 생각과는 전혀 다른 생각을 하는 사람들과 자주 만날 기회가 주어져야 한다. 사회적 자본의 원천을 탐구하는 로널드 버트Ronald Burt 교수에 의하면 서로 다른 분야의 전문성을 갖춘 사람들과 소통하는 것으로 중복되지 않은 정보를 접하게 될 때 비로소 사고의 전환이 일어날 수 있다고 한다. 조직 내부에 새로운 지식이 축적된다고 해서 창의적인 아이디어가 자연스럽게 생겨날 것이라고 기대해서는 안 된다. 조직 내부에 새로운 지식이 지속적으로 축적된다고 하더라도 기존에 단절된 세계를 연결하지 않는다면 새로운 정보가 혁신을 촉진하기보다는 오히려 기존의 사고방식을 더 강화하게 될 수도 있기 때문이다.

　조직 내부에 새로운 아이디어가 부족한 상황을 개선하기 위해서는 인적 구성의 다양성을 고려한 선발과 직무배치를 감행해야 한다. 하지만 안타깝게도 대부분의 한국 기업에서는 전공뿐 아니라 출신 배경까지도 비슷한 인재들로 구성된 전문가 집단을 심심치 않게 찾아볼 수 있다. 따라서 인지적 유연성을 제한하는 동종애적 편향 homophily bias을 줄이기 위해서는 여성과 외국 인력 등의 선발 비중을 높임으로써 인구통계학적 다양성을 늘려야 한다. 또한 다방면의 전문가와 소통하는 과정에서 사고의 유연성을 배양할 수 있도록 다기능 팀을 운영하거나 직무 순환제 등을 도입함으로써 부서의 경계를 넘어 협력할 수 있는 직무 디자인을 마련해야 한다.

　두 번째 단계는 정교화이다. 동료의 지지를 바탕으로 생각을 구체화하는 정교화 단계에서는 새로운 아이디어가 더욱 명확해지고 구체화된다. 정교화 단계에서는 새로운 아이디어의 잠재력을 체계적으로 평가하기 위해 노력해야 하며 주변 동료들의 피드백을 바탕으로 개선이 필요한 부분을 발견함으로써 아이디어의 부족한 점을 지속적으로 보완해나가야 한다. 새로운 아이디어에 명확성과 설득력을 더해나가는 정교화 단계에서는 앞으로 더 많은 사람과 소통할 수 있도록 생각을 가다듬는 것이 목표라고 할 수 있다.

　정교화 단계를 촉진하기 위해서는 정서적인 지지와 함께 건설적인 피드백을 제공해야 한다. 새로운 시도는 많은 경우 저항에 부딪히게 된다. 아직 불완전한 계획에 불과한 아이디어가 자칫 이러한 저항에 부딪혀 섣불리 좌초되지 않도록 막기 위해서는 주변 동료들의 정서적인 지지가 필요하다. 이와 더불어 정교화 단계에서 피드백을 제공할 때는 지나치게 비판적이거나 평가하는 듯한 자세를 취하는 것을 삼가야 한다. 함께 개선점을 찾고 아이디어를 발전시키기 위해 노력하는 모습을 보여준다면 혁신의 불씨는 계속해서 활활 타오를 수 있게 된다. 정교화 단계를 지원하기 위해서는 지속적인 상호작용을 바탕으로 정서적인 지원과 건설적인 피드백을 요청할 수 있는 끈끈한 유대 관계를 형성하도록 사내 멘토링 제도 등을 운영하는 것도 좋은 방법이다.

세 번째는 육성이다. 추가적인 인력과 자원을 확보해 프로젝트에 날개를 다는 단계이다. 육성 단계는 창의적인 아이디어를 사업화하는 데 필요한 인력과 자원을 확보하기 위해 조직 내 자원 분배를 담당하는 문지기의 허가를 받아내는 단계이다. 이 단계에서는 기존의 방식을 뒤집는 생소한 아이디어일수록 쉽게 좌초될 수 있다. 육성 단계를 잘 마무리 짓기 위해서는 자신의 아이디어를 적극적으로 홍보하고 밀어줄 든든한 아군을 만드는 것이 필수적이다. 따라서 육성 단계에서는 새로운 프로젝트에 투자하는 것이 조직의 발전과 해당 필드의 저변 확장에 기여할 수 있다는 정당성을 확보하기 위해 노력해야 한다. 이러한 정당성을 바탕으로 조직 내외의 영향력 있는 인사나 기관의 지원을 받게 되면 신규 프로젝트는 비로소 날개를 달게 된다.

영향력과 정당성을 확보하기 위해서는 지위에 주목해야 한다. 조직 내 의사결정권자는 추가적인 인력과 자원을 배분해줄 권한을 가지고 있을 확률이 높다. 혁신적인 아이디어를 본격적으로 사업화하기 위해서는 조직 내에 영향력이 있는 리더의 지원을 확보하는 것이 중요하다. 특정 기술의 채택 여부는 해당 기술의 효율성에 의해서만 결정되지 않으며 때로는 리더와 챔피언의 정치적인 영향력에 의해 결정되기도 한다. 따라서 디지털 혁신을 추구하기 위해서는 기술에 대한 이해와 비즈니스 역량을 동시에 갖춘 영향력 있는 인재를 적재적소에 잘 배치하는 것이 매우 중요하다.

새로운 프로젝트의 정당성을 확보하기 위해서는 필드 내에서 높은 지위를 가진 다른 조직의 지원이나 지지도 확보해야 한다. 이미 전략적인 의사결정을 어느 정도 마쳤음에도 불구하고 존경받는 컨설팅 그룹의 자문을 구하거나 다른 방법을 통해 자본 조달이 가능함에도 명망 있는 벤처캐피털의 투자를 유치하기 위해 노력하는 것은 모두 이러한 시도의 일환이라고 할 수 있다.

마지막 단계는 실행이다. 공통의 비전을 바탕으로 성과를 창출한다. 혁신적인 아이디어가 비로소 실질적인 성과를 내는 실행 단계는 크게 생산 단계와 임팩트 단계로 나누어볼 수 있다. 생산 단계에서는 무형의 아이디어가 완제품과 서비스 혹은 프로세스의 형태로 구체화된다. 생산 단계에서는 아이디어를 구체화하는 데 필요한 다양한 역량과 자원을 고루 갖춘 공급자들을 연결함으로써 효과적인 가치 사슬을 구축해야 한다.

문제는 급격한 환경 변화가 오랜 신뢰 관계에 기반한 기존의 협력

관계를 위협하고 있다는 것이다. 따라서 디지털 리더들은 비교적 안정적인 경영 환경에서 공급업체들과 공동 전문화co-specialization를 통해 현재 가치사슬을 최적화하는 데 집중했던 과거의 리더와는 달리 유연하면서도 신뢰할 수 있는 미래지향적인 협력 관계를 구축하기 위해 노력해야 한다. 끊임없이 혁신해야 하는 현상황을 타개하기 위해서는 비록 최적화된 해법이 아니더라도 미래 확장 가능성을 염두에 둔 공급망을 설계하는 것이 더 중요하기 때문이다.

다음으로 임팩트 단계에서는 혁신의 결과가 고객을 포함한 조직 내외부의 청중들에게 널리 알려지고 새로운 기술이 현업에 적용될 수 있도록 혁신을 확산하기 위한 준비가 필요하다. 혁신의 성과가 배척당하지 않고 사회 구성원들로부터 인정받기 위해서는 기존의 사회 규범과 문화를 존중하는 방식으로 제시돼야 한다. 기술의 유용성은 기술 수준과 같은 절대적 기준보다는 사회적인 기준에 따라 평가된다. 만약 혁신이 기존의 관행에서 지나치게 벗어난 것처럼 보인다면 필드 내 구성원들이 혁신의 성과를 받아들이지 않을 수도 있다.

예컨대 아무리 혁신적인 제품이나 서비스를 개발한다고 하더라도 규제기관의 인허가를 제때 받지 못하거나 산업 표준으로서 인정받지 못하게 된다면 실제 비즈니스 성과를 내기 어려울 수도 있다. 따라서 임팩트 단계에서는 여론 주도층이나 정부 기관의 의중을 잘 파악하고 적절하게 대응하는 것이 매우 중요하다. 디지털 기술을 활용한 혁신적인 아이디어였지만 사회적 반발과 저항으로 인해 좌초된 '타다' 같은 서비스가 좋은 예라고 할 수 있다.

혁신의 4단계와 사회연결망[2]

1단계 착상	• 수많은 아이디어 중 가장 가치가 있는 생각을 추려내는 단계 • 인지적 유연성을 확보하기 위해서는 다른 세계를 연결하는 중개자 필요 • 팀의 인적 구성의 다양성을 고려한 선발 및 직무 배치가 필요 　(예: 다기능 팀 운영, 직무 순환제 도입)

2단계 정교화	• 새로운 아이디어를 더욱 구체화하고 보완하는 단계 • 정서적인 지지와 건설적인 피드백을 제공할 수 있는 끈끈한 유대관계가 필요 • 동료 간 끈끈한 유대관계가 형성될 수 있도록 지속적인 상호작용이 가능한 　환경 마련 필요(예: 사내 멘토링 제도 운영)

3단계 육성	• 창의적인 아이디어를 사업화하는 데 필요한 인력과 자원을 확보하는 단계 • 자원 분배 등 조직 내부의 의사결정에 영향력을 행사할 수 있는 문지기의 　허락이 필요 • 고위 임원의 지지 또는 존경받는 외부 조직의 인정을 바탕으로 정당성 확보 　필요(예: 그룹의 자문, 벤처캐피털 투자 유치)

4단계 실행	• 혁신적인 아이디어가 실질적인 비즈니스 성과를 내는 단계 • 무형의 아이디어를 완제품, 서비스, 혹은 프로세스의 형태로 구체화하기 　위한 가치사슬 관리 필요 • 혁신의 결과가 조직 내외부 청중들에게 알려지고 필드 내 구성원들에게 　인정받기 위한 확산 활동 필요

그리고 공통의 비전은 이러한 두 단계에서 모두 중요한 역할을 한다. 생산 단계에서 공통의 비전은 주인의식과 책임감을 고양시켜 조직 몰입을 가능하게 하고 자발적인 정보 공유를 통해 혁신 생태계의 다른 구성원을 돕는 친사회적 행동을 촉진할 수 있다. 공통의 비전을 바탕으로 필드 내 다른 구성원들과 진솔하고 일관된 대화를 이어나간다면 임팩트 단계에서 발생할 잠재적인 저항을 최소화할 수 있을 것이다.

2

정확성과 민첩성으로
자신만의 페이스를 유지하라

OIO

　한국 경제의 급격한 발전을 이끌어왔던 기업들을 생각하면 무엇이 떠오르는가. 아마 철저한 계획에 따라 한 치의 오차도 없는 '완벽한' 공정을 수행하는 제조업체가 그려질 것이다. 한번 제품을 출시하고 나면 이후에는 수정하는 것이 녹록지 않은 제조업 중심의 하드웨어 산업에서는 설계 단계부터 오랜 시간을 들여 제품을 개발하고 각각의 공정이 완결된 이후에 다음 단계로 넘어가는 폭포수 모델 waterfall model을 활용해왔다. 하드웨어 산업에서는 출시 단계 때 이미 완벽에 가까운 제품을 안정적으로 생산할 수 있게 사소한 문제라도 사전에 여러 번 재확인할 수 있는 위계적인 조직 구조를 채택해왔다. 명령, 통제, 그리고 전문화에 기반한 이러한 조직 관리 방식은 거대한 규모의 조직을 효율적으로 관리한다는 장점이 있다.

반대로 소프트웨어 산업에서는 폭포수 모델과는 전혀 다른 특성을 가진 애자일 조직이 주목받았다. 개별 프로세스의 완결성과 정확성이 중요한 하드웨어 산업과는 달리 소프트웨어 산업에서는 지속성과 유연성이 중요하기 때문이다. 하드웨어와 달리 수정과 보완이 쉬운 소프트웨어는 대중에게 배포된 이후에도 서비스가 종료될 때까지 소규모 실험을 반복하며 끊임없이 발전해나가게 마련이다.

따라서 소프트웨어 산업에서는 처음부터 완벽한 서비스를 제공할 수 있을 것으로 기대하기보다는 오픈 베타 서비스 등을 통해 실제 서비스를 우선 제공하고 사용하는 고객들의 피드백을 빠르게 확보해 시스템의 여러 구성요소를 동시에 개선해나가는 민첩성을 갖춘 애자일 모델을 채택해왔다. 애자일 조직은 일회성 프로젝트가 아닌 지속적인 프로세스를 관리하기 위해 유동적인 팀제를 운영한다. 이러한 애자일 방식은 적정 수준의 팀 규모를 유지하면서도 여러 분야의 전문 인력들이 자유롭게 연합하고 소통할 수 있으므로 변화에 민첩하게 대응할 수 있다.

디지털 기술의 도입으로 변화의 속도가 빨라졌다는 사실을 모르는 경영자는 아마 없을 것이다. 하지만 그 변화의 속도가 빨라졌다는 게 무엇을 의미하는지 깊이 있게 고민하고 소통하는 리더들은 상대적으로 드물다. 아무리 변화의 속도가 빨라졌다고 하지만 모든 경쟁이 전력 질주를 해야만 하는 레이스는 아니다. 언제든지 변화와 혁신을 감행할 수 있도록 철저한 준비가 필요한 것은 사실이지만 모든 일에서 앞서 나가려고 스스로를 다그치다 보면 정작 중요한 순간에는 움직일 힘이 남아 있지 않을 수도 있다.

따라서 디지털 리더들은 평상시에는 적절한 훈련을 통해 운동 능력을 키우면서도 본격적인 레이스를 앞둔 상황에서는 어느 정도 체력을 비축하고 몸을 사릴 줄도 아는 능숙한 운동선수와 같은 조직을 만들기 위해 노력해야 한다.

하드웨어와 소프트웨어를 잇는 새로운 종합을 시도하라

기업이 고객에게 제공하는 핵심적인 제품과 서비스의 이질적인 특성으로 인해 하드웨어 산업과 소프트웨어 산업은 각기 다른 형태의 조직 관리 방법을 발전시켜 왔다. 하지만 디지털 트랜스포메이션으로 인해 촉발되는 4차 산업혁명은 이러한 전통적인 산업의 경계를 허물고 있다. 제조업의 상징이라고 할 수 있는 자동차 산업에서는 자율주행 기술에 관심이 고조되면서 IT 산업의 대표 주자인 마이크로소프트와 구글의 입지가 점점 커지고 있다. 게다가 전기 자동차의 보급과 관련된 동력 장치의 변화에서부터 우버와 같이 이동 수단의 소유 관념에 대한 근본적인 물음을 던지는 모빌리티 서비스 플랫폼의 등장에 이르기까지 급격한 산업 지형의 변화로 인해 자동차 산업에서는 기존의 경쟁우위와 핵심역량의 가치가 빠르게 사라지고 있다.

특히 무선 통신 기술을 활용해 다양한 사물을 연결함으로써 사용자의 편의를 제공하는 사물인터넷 기술의 등장은 두 산업의 경계가

폭포수 모델과 애자일 모델

• 하드웨어: 폭포수 모델

| 외관 설계 |
| 소프트웨어 |
| 검증과 확인 |
| 디자인 |
| 규격과 사양 |

진행률 50%

• 소프트웨어: 애자일 모델

| 외관 설계 |
| 소프트웨어 |
| 검증과 확인 |
| 디자인 |
| 규격과 사양 |

진행률 50%

앞으로도 더욱 허물어질 것임을 예견하고 있다. 디지털 트랜스포메이션의 시대를 선도하기 위해서는 필요에 따라 하드웨어 산업과 소프트웨어 산업의 두 가지 상반된 조직 관리 방법을 동시에 이해하고 융합할 수 있는 조직화 방법에 대해 고민해보아야 한다.

그렇다면 디지털 리더들은 폭포수 모델과 애자일 모델의 이점을 동시에 취하기 위해 어떠한 노력을 기울여야 하는가? 첫 번째로 디지털 리더들은 하나의 조직 내부에서 정확성과 민첩성을 동시에 추구할 수 있도록 양손잡이 리더십을 개발해야 한다. 그러기 위해서는 우선 조직 구성원들에게 변화와 안정을 동시에 추구해야 하는 시대적 필요성을 명확하게 밝혀야 한다. 양손잡이 조직을 구현하기 위한 경영진의 전략적인 의도를 지속적으로 소통해야 한다. 또한 다른 문화를 가진 하부 조직들이 동일한 정체성을 공유할 수 있도록 통일된 비전과 가치를 제시해야 한다. 그 외에도 이해관계의 일치와 통합을 가능케 하는 조직 설계를 지향해야 하며 필요에 따라서는 탐색과 활용을 담당하는 사업 부문을 독립적으로 운영해야 할 수도 있다. 디지털 시대를 이끌어갈 양손잡이 리더들에게는 효율적인 혁신을 견인하기 위한 독립성과 조직 내 갈등과 이해관계의 대립을 조율하기 위한 통합성을 동시에 관리할 수 있는 절충형 리더십이 필요하다.

두 번째로 디지털 리더들은 조직 외부에 적절한 파트너를 찾음으로써 혁신 생태계 차원에서 탐색과 활용을 분담하는 방식을 선택할 수도 있다. 하지만 열린 혁신은 내부 혁신 역량의 대체재가 아닌 보완재라는 점을 항상 염두에 두어야 한다. 디지털 트랜스포메이션의 시대를 성공적으로 항해하기 위해서는 장기적인 관점에서 정확성과 민첩성을 동시에 추구하기 위한 조직 관리 방법에 대해 계속해서 고민해보아야 한다.

속도가 아닌 가속도의 관점에서 생각하라

디지털 트랜스포메이션의 핵심축이라고 할 수 있는 반도체 기술은 반세기 동안이나 무어의 법칙에 따라 발전해왔다. 세계적인 반도체 제조업체인 인텔의 공동 창업자 고든 무어Gordon Moore는 반도체 집적도가 24개월마다 2배씩 증가할 것이라는 예측을 내놓았다. 사람들은 이를 무어의 법칙이라고 부르게 됐다. 무어의 법칙이 반도체 산

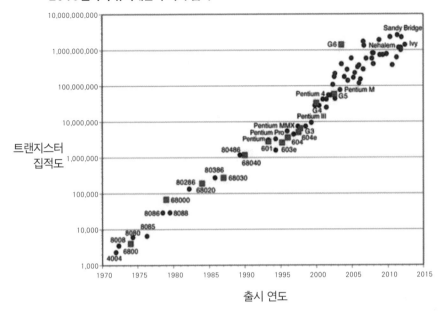

2016년까지 유지돼온 무어의 법칙

(출처: semiconductordigest.com)

업의 발전 속도를 설명하는 동안 기술 환경의 변화는 일정한 비율로 속도가 빨라지는 일종의 등가속도 운동을 해왔다고 할 수 있다.

하지만 세계 반도체 업계는 2016년 공식적으로 무어의 법칙의 종말을 선언했다. 반도체의 성능이 향상된 이후에 이에 걸맞은 신형 디바이스를 개발하던 기존의 패러다임에서 벗어나 시장의 수요에 맞는 다양한 성능의 반도체를 개발하는 데 주력하겠다는 것이다. 이러한 사례는 기술의 발전 방향과 속도가 절대 일정하지 않으며 끊임없이 변화한다는 것을 단적으로 보여주는 사례다.

디지털 리더들은 환경 변화에 이끌려 다니기보다는 상황에 따라 변화의 속도가 변화한다는 사실을 주지함으로써 자신의 페이스를 유지하며 경기를 이끌어가야 한다. 미래의 변화 방향이 불확실한 상황에서는 앞만 보고 전력 질주하기보다는 시야를 넓혀 주변을 살피면서도 경쾌한 리듬을 유지할 수 있도록 계속해서 움직여주어야 한다. 그러다가 변화의 방향이 어느 정도 구체화되면 그동안 안배해두었던 체력을 바탕으로 본격적으로 속도를 올릴 수 있을 것이다.

하지만 많은 리더가 환경 변화의 불확실성에 압도돼 조급함만 느끼고 있다. 반대로 리더를 제외한 대다수 구성원은 매번 위기를 강조하는 분위기에 이제는 익숙함을 넘어 피로감을 느끼고 있다. 위기를 강조하는 것이 반복되다 보면 그 의미는 퇴색되고 위기를 강조하는 것은 어느새 상징적인 수사로 전락하게 마련이다. 이러한 상황이 악화되면 결국 경영진과 구성원들 사이의 갈등만 심화될 뿐 정작 미래를 위한 준비는 소홀히 하게 된다.

디지털 변환기와 같이 불확실한 환경에서 리더는 매우 어려운 문제에 직면하게 된다. 거대한 풍랑에 휘말려 잠시 방향을 잃었다면 어떻게 해야 할까? 아직 변화의 방향성이 정해지지 않았으므로 비용 절감 등을 통해 재무적인 안정성을 확보하면서 어느 정도 미래의 윤곽이 드러날 때까지 기다려야 하는가? 아니면 미래의 변화를 관망하다가 기회를 놓칠 수도 있으므로 오랜 경험을 통해 축적된 경영자로서의 직관과 감을 믿고 확고한 비전을 제시함으로써 직원들을 감화시키고 변화에 동참할 수 있도록 유도해야 하는가? 그런데 만약 확신을 가지고 과감한 투자를 감행하던 중 예기치 않은 변화가 생긴다면 어떻게 대처해야 하는가? 미래의 변화를 대비하기 위해서는 일단 잠시 숨을 고르며 기다려야 할까? 아니면 한발이라도 더 먼저 앞서 나가기 위해 지금부터 총력전을 벌여야 하는가? 답하기 어려운 질문들이다.

문제는 관망하는 전략과 선제적인 투자를 감행하는 전략 중 어느 하나를 선택하더라도 한계가 있게 마련이라는 것이다. 예컨대 모두가 앞서 나가기 위해 발버둥치는 상황이라면 관망하는 전략을 취하는 것은 자칫 위험할 수 있다. 안정성 확보를 위해 비용 절감에 집중하면 현상 유지도 어려울 뿐더러 조직 내 혁신의 불씨마저 사그라질 수 있기 때문이다. 현재 상황에 최적화된 해법을 찾다 보면 의도와는 다르게 미래의 변화에 대응하기 위한 적응력과 유연성을 잃어버리기 쉽다.

반대로 통합된 비전을 바탕으로 처음부터 총력전을 벌이는 것은 지나치게 큰 위험을 감수하는 전략이라고 할 수 있다. 경영 환경의 불확실성이 급격하게 늘어나는 현상황에서 한 방향으로 치우친 성장 전략을 추구하는 것은 마치 하나의 패에 모든 것을 거는 도박과도 같다. 과거에는 여러 대안을 선택하는 과정에서 그 결과와 실현 확률에 대해 어느 정도 예측이 가능했다. 하지만 이제는 현재의 선택이 미래에 어떠한 영향을 미치게 될지 가늠하는 것 자체가 거의 불가능해졌다. 현대의 불확실성은 확률적인 예측에 따라 관리 가능한 리스크라기보다는 미지의 영역에 가까운 불확실성이라고 할 수 있다. 따라서 깊은 내면의 불안감을 무시한 채 직관과 감에 의존해 남들과 달리 자신은 미래의 변화를 정확하게 예견할 수 있다고 주장하는 리더들은 오히려 구성원들을 위험에 빠뜨리고 있다고 보아야 한다.

물론 리더의 직관과 미래의 변화 방향이 우연히 잘 맞아떨어진다면 해당 조직은 단기적으로 급격한 성장을 도모할 수 있을 것이다. 하지만 장기적인 관점에서 볼 때 디지털 트랜스포메이션의 초입에서 우연한 성공을 거두는 것은 오히려 조직의 성장과 발전에 좋지 않은 영향을 미칠 수도 있다. 이른 시기의 성공 경험이 만들어낸 자기 과신은 향후 변화의 물결이 본격화되면서 자기 혁신을 통해 재도약해야 할 시기가 오면 오히려 독으로 작용할 수도 있기 때문이다. 한때 세간의 주목을 받던 카리스마적인 리더들의 말로가 대부분 초라한 것은 결코 우연이 아니다.

그렇다고 해서 아날로그에 기반한 리더들의 경험이 완전히 무가치한 것은 아니다. 때에 따라서는 유비 추론을 통해 한 분야의 성공 방정식을 다른 분야에도 응용할 수도 있기 때문이다. 디지털 트랜스포메이션이라는 낯선 환경에서 새로운 시도를 하기 위해서는 제한적인 정보를 바탕으로 의사결정을 내릴 수밖에 없다. 이때 현재와 완전히 동일한 상황은 아니더라도 적어도 과거의 유사한 경험을 토대로 새로운 시도의 결과를 예측해볼 수 있을 것이다. 하지만 이러한 예측이 잘 들어맞으려면 단순히 표면적인 유사성에 집중하는 것이 아니라 행동과 결과의 인과관계에 대한 심층적인 유사성에 집중할 수 있어야 한다.

또한 비유는 제한된 정보를 바탕으로 미지의 영역을 탐색하기 위한 수단일 뿐이므로 시간이 지나 점차 새로운 분야에 대한 전문지식이 쌓이게 되고 비유의 가치가 줄어들게 되면 비유에서 과감하게 벗어날 수도 있어야 한다. 리더의 경험을 활용한다는 미명으로 현상황의 정보를 다른 분야의 성공 공식에 무리하게 대입하려고 하다 보면 오히려 잘못된 의사결정을 내리는 문제가 생길 수도 있기 때문이다. 따라서 유비 추론을 통해 성공적인 혁신을 도모하기 위해서는 유사성뿐만 아니라 차이성에 대해서도 주의를 기울여야 한다.

유비 추론 등을 통해 리더의 경험을 잘 활용하면 변화의 물결에 휩쓸리지 않고 어느 정도 자신만의 페이스를 잘 유지할 수 있다. 하지만 디지털 시대를 선도하기 위해서는 더욱 근본적으로 리더의 직관이나 감에 의존하는 변혁적이면서 카리스마적 리더십의 미신에서 벗어나야 한다. 애플의 스티브 잡스Steve Jobs, 크라이슬러의 리 아이아코카Lee lacocca, 제너럴 일렉트릭의 잭 웰치Jack Welch는 거의 모든 리더십 교과서에 롤모델로 등장하는 인물들이다. 이러한 변혁적인 리더의 예시는 사람들로 하여금 위기의 순간에 누군가 나타나 조직을 구원해줄 것이라는 환상에 빠지게 만든다. 그리고 이러한 백기사의 덫은 한국의 혁신 기업들에서도 흔히 찾아볼 수 있다.

하지만 연구에 의하면 카리스마적인 리더십과 혁신 성과의 관계는 불분명하다. 오히려 사람들은 과학적인 근거 없이 조직의 성공과 실패의 원인을 과도하게 리더에게 귀인하는 경향이 있다. 잡스는 애플의 실패의 아이콘인 동시에 성공의 아이콘이다. 많은 리더가 잡스의 리더십을 모방하려고 했지만 과연 실제로 성공과 실패의 갈림길에서 어떠한 길을 따라가고 있었는지는 알 수 없다. 변혁적이면서 카리스마적인 리더십의 환상에 빠지게 되면 리더의 제한적인 경험에 근거한 성공 공식에 종속돼 새로운 대안에 대한 탐색을 소홀히 하게 되고 리더의 직관에 의존한 의사결정은 조직의 안정적인 운영을 방해한다.

결국 급변하는 환경 속에서 지나치게 서두르지 않으면서도 혁신적인 역량을 꾸준히 축적하기 위해서는 리더의 직관이나 감에 의존하는 것이 아니라 실질적인 데이터에 기반해 현상을 통합적으로 분석하는 분석적인 리더십이 필요하다. 전통적인 산업의 경계가 무너지고 새로운 비즈니스 모델의 필요성이 대두되는 디지털 트랜스포메이션의 시대에 리더 개인의 제한적인 역량에 지나치게 의존하는 것은 시대착오적일 수 있다. 아무리 마음의 문을 닫고 시야의 폭을 좁힌다고 해도 변화의 물결은 피해 갈 수 없기 때문이다.

따라서 경험과 직관의 불완전성을 인정하고 불확실성을 온전히 받아들임으로써 구성원들의 집단적인 창의성을 촉진하기 위한 새로운 형태의 리더십이 필요하다. 그러기 위해 디지털 리더들은 자신의 직관에 반하는 데이터에 특히 주목해야 한다. 자신이 보고 싶은 세계가 아닌 객관적인 세계를 바라보기 위한 노력이 필요하다. 이외에도 의사결정 과정에서 참고하는 데이터의 양을 단순히 늘리는 것에 그치지 않고 기존에는 기술적인 한계로 인해 분석하기 어려웠던 새로운 형태의 비정형 데이터를 활용하기 위해 적극적으로 노력해야 한다. 또한 앞에서 설명한 작은 실험을 통해 고객과 시장에 대한 새로운 정보를 빠르게 수집함으로써 경험의 한계를 보완해야 한다.

환경 변화에 따른 조직의 적응 여부는 결국 변화 속도의 절댓값이 아닌 환경 변화와 혁신 속도의 상댓값에 의해 결정된다는 점을 기억할 필요가 있다. 따라서 근거 없는 불안감에 휩싸이기보다는 상황에 따라 자신만의 페이스를 유지할 수 있어야 한다. 디지털 트랜스포메이션의 방향과 속도는 글로벌 혁신 생태계의 움직임에 따라 공진화 co-evolve 하기 때문에 혼란스러운 상황이 정리될 때까지 마냥 팔짱만 끼고 기다릴 수도 없고 리더의 직관이 미래의 변화 방향과 일치할 것이라는 요행을 바라며 선제적인 투자를 감행하기도 쉽지 않다. 따라서 디지털 리더들은 현재의 순간 속도가 아닌 속도의 변화, 즉 가속도에 주목해야 하며 시장과 고객에 대한 빅데이터를 분석함으로써 체력을 비축해야 할 때와 전력을 다해야 할 때를 구분할 수 있어야 한다. 결국 디지털 리더들은 분석적 리더십을 바탕으로 동적 역량을 확보해야 하며 혁신의 씨앗을 뿌리고 수확의 시기를 기다려야 한다.

혁신의 씨앗을 뿌리고 수확의 시기를 기다려라

애자일 방법론의 선구자인 마틴 파울러Martin Fowler는 2015년 오픈 소스 소프트웨어 콘퍼런스에서 시스템 아키텍처에 대한 기조 강연을 진행하며 다음과 같은 그래프를 소개했다. 아키텍처는 시스템의 구성요소를 규정하고 각각의 구성요소가 외부 환경과 어떻게 상호작용하는지를 결정함으로써 시스템의 전반적인 구조와 진화 방향을 설정하는 중요한 요소이다. 시스템 개발 초기 단계에 큰 비용을 들여 좋은 아키텍처를 설계하면 시간이 흘러 시스템을 확장해야 할 때 더 많은 기능을 빠르게 추가할 수 있게 된다.

반면 저렴한 나쁜 아키텍처의 소프트웨어는 초기에는 좋은 아키텍처와 완전히 동일한 기능을 수행할 수 있을지 모르지만 시간이 흐

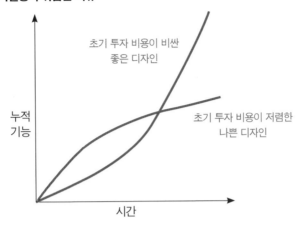

성급한 의사결정이 위험한 이유[1]

초기 투자 비용이 비싼
좋은 디자인

누적
기능

초기 투자 비용이 저렴한
나쁜 디자인

시간

를수록 구조적인 한계로 인해 확장 가능성이 제한되고 결국 어느 순간부터는 더는 성장할 수 없는 지경에 이르게 된다. 따라서 시스템 아키텍처를 구성하는 초기 단계에서는 더 많은 개발 비용이 들고 시간이 오래 걸리더라도 좋은 디자인을 선택하는 것이 매우 중요하다.

그런데 만약 당신이 속한 조직의 리더가 초기 투자 비용에 따라 미래의 확장 가능성이 확연하게 달라지는 아키텍처의 특성을 제대로 이해하고 있지 못하면 어떤 일이 벌어질까? 만약 당신이 개발을 담당하는 엔지니어라면 완전히 동일한 기능을 수행하는 두 가지 아키텍처 중 다른 하나에 비해 10배 이상 더 비싼 디자인을 채택해야 한다고 리더를 설득하겠는가? 아니면 미래 확장 가능성을 조금 포기하더라도 현재 가장 필요한 서비스에 최적화된 아키텍처를 설계함으로써 단기간 내 좋은 성과를 내고 리더에게 인정도 받는 '성공적인' 개발자가 되기 위해 노력하겠는가? 반대로 만약 당신이 리더라면 당장 내일이라도 똑같은 기능을 수행하는 프로그램을 저렴하게 개발할 수 있다는 달콤한 꼬임에 넘어가지 않고 비싼 개발 비용을 요구하면서도 정작 진척 사항은 별로 없는 것처럼 보이는 유능한 개발자의 말을 신뢰할 수 있겠는가?

디지털 트랜스포메이션에 대한 관심이 높아지면서 일각에서는 디지털 만능주의가 힘을 얻어가고 있다. 특히 창의적이고 뛰어난 상상력을 가진 사람일수록 여러 가지 새로운 기술을 융합하다 보면 단기간 내에도 세상을 뒤흔들 새로운 비즈니스 혁신을 이룰 수 있다고 생각하기 쉽다. 하지만 각 분야의 전문가들을 만나다 보면 금방 차가운 현실을 깨닫게 된다. 새로운 기술이 제품이나 서비스로 상용화되고 이를 바탕으로 성공적인 비즈니스 모델을 구축하기 위해서는 상당히 오랜 시간이 걸리기 때문이다. 게다가 여러 분야의 새로운 기술을 융합해야 한다는 것은 언제 어디서 병목 현상이 발생하게 될지 알 수 없다는 말이기도 하다.

혁신에 필요한 여러 분야의 관련 기술들이 이미 충분히 발전돼 있다고 하더라도 새로운 시도가 시장에서 인정을 받고 혁신을 통해 가치를 확보할 때까지는 상당히 오랜 시간이 걸릴 수도 있다. 많은 사람이 최첨단 기술로 무장한 도전적인 혁신 기업이 단기간 내 급격한 성장을 이루어냈다는 성공 스토리에 매료된다. 하지만 사실 이러한 성공 신화의 이면에는 혁신의 씨앗이 뿌리를 내리고 수확의 시기에 이르기까지 오랜 인고의 시간이 숨어 있게 마련이다.

특히나 디지털 트랜스포메이션의 시대에 기다림이 중요한 이유는 아직 많은 조직이 새로운 전략을 능숙하게 실행에 옮기기 위한 탐색 역량을 충분히 갖추고 있지 못하기 때문이다. 탐색 역량이 부족한 조직에서는 잠재적으로 더 우수한 신규 전략을 채택하기보다는 과거에는 성공적이었으나 상대적으로 열등한 현재 전략을 능숙하게 실행에 옮기는 것에 그치는 경우가 많다.

조직 내 주요 의사결정권자들은 성공과 실패 여부를 구분하기 위해 열망 수준을 설정한다. 열망 수준은 일반적으로 우리 조직의 과거 성과 또는 우리 조직 내 유사한 준거 집단의 성과를 기준으로 한다. 이렇게 되면 새로운 전략을 미숙하게 수행할 때보다 현재 전략을 능숙하게 수행할 때, 열망 수준보다 높은 만족스러운 성과 피드백을 얻음으로써 혁신보다는 현상 유지에 만족하게 될 가능성이 크다. 따라서 지속적인 혁신을 추구하기 위해서는 조직 내부에 혁신을 위한 인프라를 구축하고 탐색적인 역량을 배양할 수 있는 충분한 기다림의 시간이 필요하다. 또한 혁신의 필요성을 판단하기 위해 목표 대비 성과에 주목하는 기업의 오랜 습관인 돌아보기에서 벗어나 미래를 내다보는 상상력을 발휘하기 위한 관점의 전환이 필요하다.

그 외에도 제품과 서비스의 특성에 따라 디지털 혁신이 최대 성과를 내기까지는 오랜 기다림이 필요한 때도 있다. 예를 들어 사용자가 몰릴수록 더욱 가치가 커지는 네트워크 효과의 영향을 받는 플랫폼 비즈니스를 시작할 때는 초기의 저조한 성과에 낙담하기보다는 임계량을 넘어서는 충분한 고객 수를 확보할 때까지 충분히 기다리는 것이 필요하다. 그렇게 한다면 네트워크 효과는 생산량이 증가할수록 생산비가 줄어드는 규모의 경제와 함께 작동하며 시간이 흐를수록 더 높은 수익률을 확보할 수 있는 훌륭한 비즈니스 기회를 선사해 줄 것이다. 네트워크 효과의 영향을 받는 제품이나 서비스일수록 초기에 성과가 저조하더라도 꾸준히 투자를 지속할 수 있는 인내심이 필요하다.

디지털 시대의 변화는 마치 모든 상황에 대해 빠르게 대응해야 할 것만 같은 착각을 불러일으킨다. 하지만 역설적이게도 디지털 시대에 혁신을 주도하기 위해서는 기다림의 미학을 이해하는 것이 필요하다. 단기 성과에 대한 강조가 지나치게 되면 아직 익숙하지 않은 새로운 전략을 성공적으로 실행하기 위한 탐색 역량을 개발하기 어렵기 때문이다. 네트워크 효과의 영향을 받는 제품과 서비스일수록 새로운 시도의 진정한 가치를 확인하기까지 오랜 시간이 걸릴 수도 있다. 결국 실패와 시간이 걸리는 것은 다른 것이라는 점을 이해하고 구성원에게 전파하는 것이 매우 중요하다. 디지털 시대의 리더가 혁신을 선도하기 위해서는 혁신의 씨앗을 뿌리고 수확의 시기를 기다리는 느림의 미학을 이해해야 한다.

미주

1부

1. 기획재정부 미래전략과 보도자료 2008. 4. 21

2. 네트워크의 크기가 커짐에 따라 그 가치는 기하급수적으로 증가한다는 것.

3. '메모리의 용량은 12~18개월마다 2배가 된다는 법칙이다. 삼성전자 메모리 사업부 CEO였던 황창규 회장이 2002년에 제시했다.

4. '컴퓨터의 정보처리 용량이 매 24개월마다 2배가 된다'는 것으로 인텔의 공동 창업자인 고든 무어Gordon Moore가 제시한 법칙이다.

5. Ray Kurzweil, The singularity is near: When humans transcend biology, p.67, The Viking Press, 2006

6. 임은영, Sector Update (자동차), 삼성증권, 2018.5.27

7. "'게임의 법칙' 스스로 터득하는 AI '알파제로' 나왔다", 동아사이언스, 2017년 12월 7일

8. 전자신문, "'라이다' 없는 테슬라 자율주행 기술', 2021년 4월 15일, https://www.etnews.com/20210415000094

9. 머니S, "구글 vs 테슬라… 자율주행기술, 어디까지 왔나, 2021년 4월 4일, https://moneys.mt.co.kr/news/mwView.php?no=2021040210108034316

10. 물론 통신 판매와 온라인 쇼핑이 완벽하게 같지는 않지만 설명의 편의를 위해서 이렇게 가정하기로 한다.

11. 제품 정보를 칩에 기록해서 제품에 부착하고 리더기를 사용해서 자동으로 제품의 정보를 읽을 수 있도록 하는 기술. 기존의 바코드를 대체하는 기술이며 바코드와 다르게 수동으로 읽을 필요없이 리더기 앞을 지나가기만 하면 비접촉으로 제품정보를 자동으로 읽을 수 있다. 신용카드나 교통카드 등에도 사용되는 기술이다.

12. 사용자가 온라인상으로 컴퓨팅 자원(하드웨어, 저장공간, 소프트웨어)에 접속해서 가상의 컴퓨터를 사용하는 방식을 말한다. 아마존 웹 서비스AWS0, 웹하드, 구글 드라이브, 세일즈포스 등이 대표적인 서비스이며 사용자가 직접 하드웨어나 소프트웨어를 구입할 필요 없이 무한정의 자원을 사용하는 만큼 돈을 지급한다는 장점이 있다.

13. 월 13일, https://www.ciokorea.com/ciostory/200824

14. MARKETSandMARKETS, "Cloud Computing Market by Service Model (Infrastructure as a Service (IaaS), Platform as a Service (PaaS), and Software as a Service (SaaS)), Deployment Model (Public and Private), Organization Size, Vertical, and Region - Global Forecast to 2025," https://www.marketsandmarkets.com/Market-Reports/cloud-computing-market-234.html#:~:text=cloud퍼센트20computing퍼센트20market퍼센트3F-,The퍼센트20global퍼센트20cloud퍼센트20computing퍼센트20market퍼센트20size퍼센트

20is퍼센트20expected퍼센트20to퍼센트20grow,17.5퍼센트25퍼센트20during 퍼센트20the퍼센트20forecast퍼센트20period.

15. 미국의 최대 영화(비디오 테이프나 DVD) 대여 회사였는데 2010년에 파산했다.

16. 미국의 Top 5 백화점 중 하나였으나 2018년 파산함으로써 125년 역사의 막을 내렸다.

17. The Digital Energy Transformation, GE, 2018 September.

18. 김기찬, 송창석, 임일, 플랫폼의 눈으로 세상을 보라, 성안당, 2015.

19. Brian Solomon, "Washio, The On-Demand Laundry Startup, Washes Out," Forbes, 2016년 8월 30일

20. 김성모, 임일, "링크샵스의 온라인 플랫폼 전략," DBR No. 276, July 2019에서 발췌 수정.

21. 윤석철, 프린시피아 매네지멘타, 경문사, 1997.

2부

1. Birkinshaw, Zimmermann, & Raish "How do firms adapt to discontinous change?" Celifornia Management Review. pp. 44-45(2016)

2. Perry-Smith & Mannucci, "From creativity to innovation: The social network drivers of the four phases of the idea journey" Academy of Management Review, pp 53-79 (2017)

에필로그

1. https://martinfowler.com/articles/is-quality-worth-cost.html

디지털 리더십

초판 1쇄 인쇄 2021년 12월 10일
초판 1쇄 발행 2021년 12월 17일

지은이 임일 이무원
펴낸이 안현주

기획 류재운 **편집** 안선영 **마케팅** 안현영
디자인 표지 최승협 본문 장덕종

펴낸 곳 클라우드나인   **출판등록** 2013년 12월 12일(제2013-101호)
주소 우) 03993 서울시 마포구 월드컵북로 4길 82(동교동) 신흥빌딩 3층
전화 02-332-8939   **팩스** 02-6008-8938
이메일 c9book@naver.com

값 17,000원
ISBN 979-11-91334-40-1 03320